De la séduction

棱镜精装人文译丛
主编 张一兵 周宪

论诱惑

De la séduction

(法)让·波德里亚 著 张新木 译

Jean Baudrillard

南京大学出版社

图书在版编目(CIP)数据

论诱惑/(法)波德里亚(Baudrillard, J.)著；
张新木译. —南京：南京大学出版社,2011.2(2022.3 重印)
ISBN 978-7-305-07649-7

Ⅰ.①论… Ⅱ.①波… ②张… Ⅲ.①波德里亚，
J.(1929~2007)-哲学思想 Ⅳ.①B565.6

中国版本图书馆 CIP 数据核字(2010)第 194762 号

Jean Baudrillard
De la séduction
Copyright © Editions Galilée 1980
Simplified Chinese edition copyright © 2011 by NJUP
江苏省版板局著作权合同登记 图字:10-2009-007 号

出版发行	南京大学出版社
社　　址	南京市汉口路 22 号　邮 编　210093
网　　址	http://www.NjupCo.com
出 版 人	金鑫荣
书　　名	**论诱惑**
作　　者	[法]让·波德里亚
译　　者	张新木
责任编辑	苏珊玄　李雪梅
照　　排	南京紫藤制版印务中心
印　　刷	南京爱德印刷有限公司
开　　本	787×960　1/32　印张 10.75　字数 175 千
版　　次	2011 年 2 月第 1 版　2022 年 3 月第 5 次印刷
ISBN 978-7-305-07649-7	
定　　价	56.00 元

发行热线　025-83594756
电子邮箱　Press@NjupCo.com
　　　　　Sales@NjupCo.com(市场部)

---

* 版权所有，侵权必究
* 凡购买南大版图书，如有印装质量问题，请与所购
　图书销售部门联系调换

代译序

诱惑:一个揭开后现代玄秘画皮的通道
——波德里亚《论诱惑》的构境论解读

张一兵

在关于中晚期波德里亚[①]的研究中,他于1979年出版的《论诱惑》一书的思想主旨始终是一个难以参透的学术盲点。人们通常无法理解突现的"诱惑"概念在波德里亚思想逻辑全程中的地位。于是,诱惑概念常常被误读为对生产、功利性交往的表面取代,似乎波德里亚又创造了一个全新的异质性构境范式。而在我看来,诱惑概念的真正意义

[①] 波德里亚(Jean Baudrillard, 1929—2007),法国当代著名思想家。其代表性论著有:《物体系》(1968年);《消费社会》(1970年);《符号政治经济学批判》(1972年);《生产之镜》(1973年);《象征交换与死亡》(1976年);《论诱惑》(1979年);《拟真与拟像》(1981年);《他者自述》(1987年);《冷记忆》(五卷,1986—2004年);《终结的幻象》(1991年);《恶的透明》(1993年)等。

其实是对波德里亚原创性话语"拟像-拟真"逻辑的深化,与拟真建构的"比真实更真实"的祛魅的超级真实相比,诱惑是以一种"比错误还错误"的外表游戏出场的施魅的拟真。波德里亚眼中的诱惑,恰恰透析出当代布尔乔亚意识形态在后现代外观下的阴凹布展。我在新出版的《反波德里亚》①一书里,已经对此作过初步的讨论,本文中,我想更加具体地解读波德里亚这一重要的理论变化。为了更好地说明诱惑的真谛,我们先从波德里亚的"拟像-拟真"逻辑解析开始,然后再一步步进入他诱惑批判话语的特设语境。

1 "拟像-拟真"逻辑解析

在存在论的尺度上,波德里亚的哲学并没有从实体性的孤立个人主体出发,而是很深地承袭了海德格尔式的关系本体论,当然在这里,人与人之间真实的象征交换关系构境是他对人的本真存在的基始性认定。我认为,长时段地深植于青年波德里亚思想镜像深处的他性理论构架,实际上是

---

① 张一兵:《反波德里亚——一个后现代学术神话的祛序》,商务印书馆2009年版。

由法国社会学家莫斯基于原始部族的人类学研究而形成的象征交换理论,这种学说后来被法国哲学家巴塔耶从文化学的意义上更广泛地阐释出来。①以我之见,这个妖魔化的莫斯-巴塔耶的学术逻辑从其根本上就是反人类现代文明的。可是,这种没有被现代性经济价值体系污染的本真象征交换王国,却成为波德里亚拒斥现代文明的重要逻辑基础。所以,当面对今天的发疯一般追逐物质利益的资本主义经济王国时,波德里亚与拉康一样,必然是反建构主义和否定性的本体论,他反对人与人的关系异化为物与物的伪性关系场,布尔乔亚世界中作为一切功用性经济关系总和的"现实性上的人的本质"幻觉恰恰是被他根本否定的。所以,进入波德里亚的文本群,我们首先会遭遇波德里亚在《物体系》(1968年)一书中以批评的眼光所看到的功能性的物与物的链环体系,人与人的象征性关联如何在这种物化中畸变为功能性的物用性;而在《消费社会》(1970年)一书中,功用性的物品链开始转换为商品展示的欲望制造关系,广告已经在制造出最初的人与他者建构出来

---

① 凯尔纳也看到了这一点,但是他只是将其指认为波德里亚从《生产之镜》到《象征交换与死亡》这一时段的思想背景。他还提出,波德里亚还受到雅里(Jarry)"消除意义的玄学"的影响。参见[美]凯尔纳:《千年末的让·波德里亚》,《波德里亚:批判性的读本》,陈维振等译,江苏人民出版社 2005 年版,第 8 页。

的伪象征构境。《符号政治经济学批判》(1972年)是波德里亚将功能物进一步蒸发为意指符码链的重要步骤,在批判马克思的使用价值的过程中,他第一次明确提出了人与人之间本体存在关联的象征交换的沦丧问题;一部《生产之镜》(1973年),也是波德里亚根本否定人类中心主义暴力性征服逻辑的主战场,在批判马克思历史唯物主义的过程中,他也在反向建构自己的象征关系交换本真地位。《象征交换与死亡》(1976年),是波德里亚捍卫自己象征关系本体论最惊险的战斗,因为,他指证出今天的资本主义拟真世界是最大的伪象征构境,是以比真实更真实的拟真逻辑彻底埋葬了象征交换。它以人与人之间虚假的象征符码关联替代了物性功用存在链,由此成功地阻止了本真象征交换的出场。这样,人类存在将永远跌落于符码控制和欲望制造的黑暗之中。

这里,我们需要稍稍具体一些地阐明波德里亚这种新的"拟像-拟真"逻辑。因为,这种拟真逻辑构境恰恰是我们进入波德里亚诱惑之境的思之入口。我发现,到了1976年,已经"成年"的波德里亚有了一个全新的理论情境,在几年之中消解了自己老师们最后的资源之后,在马克思解放的生产力概念的废墟上,在索绪尔符号的结构性意象建构的批判维度之上,波德里亚终于有了自己独特的理论建树:他突然认定我们今天这个世界的基础不再是一种现实存在,而是建立在多重拟像(simulacre)①伪相之上的幻境。这是《骇客帝国》中身处幻镜而不觉的尼尔突然被告知的一个"事实"。②这个新的伪构境世界的生成元素就叫

---

① Simulacre,此词在法文中有古语中的偶像一义,也有幽灵、幻影和模拟的意思。波德里亚使用此词是在一个人与世界关系的尺度上,着眼于一种走近对象终而消解对象的方式,此词的中译有仿像、类象和拟仿物等,我以为译为拟像为宜。因为,中文中的"仿"、"类",都与第三阶段的无指涉物的拟真之意不符。英文中没有此词,法文中古语通常用复数词 Simulacrum,波德里亚在《拟像与拟真》一书的篇首中,戏仿旧约《传道者》文字时,就使用了此词。据马丁·杰的考证,拟像这个概念曾被巴塔耶和克罗索夫斯基使用过,用来意指符号的无法交流的方面。参见马丁·杰:《20世纪法国思想》,加州大学(伯克利)出版社1993年版,第544页。在波德里亚自己的《冷记忆1(1980—1985)》一书中,他明确指认"拟像"一词为法国作家皮埃尔·克洛索夫斯基(Pierre Klossowski,1905—2001)所用。参见[法]波德里亚:《冷记忆1》,张新木等译,南京大学出版社2009年版,第11页。

② 1999年,美国导演华乔斯基兄弟(Andy Wachowski, Larry Wachowski)自认为受波德里亚的著作《拟像与拟真》(*Simulacres et simulation*)一书的影响,拍摄《骇客帝国》(*The Matrix*)一片。传说,华乔斯基兄弟本来邀请波德里亚在片中现身说法,但被波德里亚拒绝。但片中仍然有主人翁尼尔象征性地手捧《拟像与拟真》一书的场景。《骇客帝国》(*The Matrix*),华纳兄弟制片公司(Warner Bros., USA),1999年,片长:136分钟。主演:基努·李维斯(Keanu Reeves)、劳伦斯·费许本(Laurence Fishburne)、嘉丽·安·莫斯(Carrie Anne Moss)。

拟真（simulation），①而由这种代码（code）自我模拟的超级真实（hyperréel）②建构起来的伪构境世界则叫超级现实（hyperréalité）。波德里亚此处的超真实并非是指现实本身的被伪造，而是指认现实生活背后更深一层的本体论支撑。正是超真实支撑了人们误认的伪现实世界。我觉得，与拉康的不可能的存在之真一样，波德里亚这里的超级现实世界也是在超现实主义（Surréalisme）的逻辑线索中生长起来的反建构性本体思考。③在《论诱惑》一书中，我们可以看到这些重要概念的

---

① Simulation，此词在法文中的意思有假装、模拟、仿真和假冒之意。英文中的意思基本是一致的。此词的中译有模拟、拟像和仿真等，波德里亚显然在用此词表达自己一种全新的意境，即在工业文明之后人与世界关系中拟像的第三阶段，世界的基础生成为没有被拟仿对象的无根性的自我拟真之物，这里显然没有模仿真实对象之意，所以译仿真似有些偏差，我觉得译拟真更符合波德里亚此时的语境。

② hyperréel在中译中也有译作"超级现实"，恐怕这种意译语境都是在超现实主义（Surréalisme，其实法语中的这个"Sur-"是指"在…之上"，Surréal是指唯真之意，这种对真实的指认是建立在超越伪现实生活之上的）一语的影响下生成的，但从波德里亚这里的具体思想语境看来，将hyperréel（英语中的Hyper-有超越和过度之意）译作超真实是更为贴切的。可是，将hyperréalité译作超真实则是容易引起理解中的混乱。在后来的《论诱惑》一书中，波德里亚还拟造过"超级在场"（hyperprésence）和超级拟真（hypersimulation）等概念。而在《冷记忆4》中，波德里亚还拟造了一个"超级学问"（hypersavoir）的概念。参见［法］波德里亚：《冷记忆4》，张新木等译，南京大学出版社2009年版，第92页。

③ 波德里亚自己也指认过这一历史线索，他说，在传统的超现实主义那里，肯定性的超出日常生活的东西只是在"艺术和想象发挥作用的某些特殊时刻"才能得以构境，可今天的一切社会生活本身都被另一种证伪意义上的"超真实"所过度浸淫。

先后出场。

在波德里亚这里,从"消费社会"到"符号社会",再到此处的超级现实的"拟真社会",这是一个本体论中发生的连续恐怖事件。理论上的恐怖主义,是波德里亚喜欢自指的面相。我发现,这是一个非常复杂的格式塔逻辑转换:

表层凸状语境上看,这有两种转换:第一层转换,从《物体系》一书开始,波德里亚就始终在将实体物转换成物性的我性功能和符号象征功能,现在,物性存在被全新的拟真替代了;第二层转换,我们记得,相对于物性存在的具象性,无序的不定性过去恰好是波德里亚对象征交换的理想性规定,可是现在,不确定性却以疯狂的拟像方式占据了原初象征(真实)的本体性空位。这个空位当然是拉康式的。

更深一层去思考,我们又会发现在波德里亚的隐性逻辑凹点之中,原来那种本真性的我象征故我在,在价值规律起作用的资本主义时代,先是异化为虚假的我交换故我在(交换价值),然后又被马克思的我生产(劳动)故我在(使用价值)的小骂大帮忙所遮蔽,在《消费社会》中,波德里亚用我差异故我在替代了马克思的我生产故我在,而在《符号政治经济学批判》一书中,波德里亚想说明的东西是从经济交换价值逻辑向符号性的交换价值逻辑的转换，作为异化的二次方的我符号故我在出场了。当然，除去我象征故我在中的"我"是本真的人的存在之外，其他的"我"都是常人之我。以拉康的否定本体论逻辑，这些都可以读为"我交换故我不在"、"我生产故我不在"、"我符号故我不在"。现在波德里亚的新发明是：我拟真故我在。这是一个更恐怖的异化。是否是人的存在的异化的三次方？我们不得而知。人的存在异化之多次方和复性死亡同样是拉康哲学的关键性理论构境中轴。拟真，比真实更真实，因而是真实更彻底的死亡。也是在这个意义上，后来波德里亚说，真实现在成了一条被人遗弃的"母狗"。[1]可令人伤心的是，拟真的呈现方式却表现为真实的逼真在场性，波德里亚也将其指认为超级真实。超级真实就是构境！当然，这种构境是一种遮蔽谋杀真实的"完美罪行"的新幻觉。[2]在波德里亚看来，这个有伪构境凸显的幻觉是"一种从大众传播和数字理性用技术合成的现实中产生出来的形式"，这是说，今天的真实与幻象的关系更加复杂

---

[1] [法]波德里亚：《完美的罪行》，王为民译，商务印书馆2000年版，第8页。
[2] [法]波德里亚：《完美的罪行》，王为民译，商务印书馆2000年版，第4页。

难辨了。^①因为，超级真实是作为伪现象——超级现实背后的那个伪本质在场的。

按照波德里亚的说明，拟像，作为文艺复兴以来人与世界的关系的基本方式约经历了三个依次递进的历史形态：

——**仿造**（counterfeit）是从文艺复兴到工业革命的"古典"时期的主要模式。

——**生产**是工业时代的主要模式。

——**拟真**是目前这个受代码支配的阶段的主要模式。

第一级拟像依赖的是价值的自然规律，第二级拟像依赖的是价值的商品规律，第三级拟像所依赖的是价值的结构规律。[②]

---

① [英]霍洛克斯：《波德里亚与千禧年》，王文华译，北京大学出版社2005年版，第55页。

② [法]波德里亚：《象征交换与死亡》，车槿山译，译林出版社2006年版，第67页。拟像（simulacre）与拟真（simulation）这两个概念是十分容易混淆和搞错的，《拟像与拟真》一书的中文繁体字译者台湾学者洪凌先生自己就被搞得晕头转向，在他翻译的《拟像与拟真》一书的正文中，他正确地表述了波德里亚在《拟像与科幻小说》一文中关于拟像（simulacre，他译为"拟仿物"）的"三重秩序"，而也是在他自己写下的译序中，他自己却将波德里亚在《象征交换与死亡》一书的相同表述错写为拟真（simulation，他译为"拟像"）的"三重秩序"，好玩的是，他还专门自己标注了原文中没有的错误英文"the three orders of simulation"。分别参见洪凌译的《拟像与拟真》，台湾时报文化1998年版，第233页；第5页。

在波德里亚面对世界的存在论概念中,人的存在并非实体性的物性存在,而是关系性的交往存在,这自然是基于海德格尔(马克思)的存在论观点。在这种关系本体论的视域中,处于基始地位的首先是他从莫斯-巴塔耶那里承袭而来的本真性象征交换关系。我以为,这种本真性并非为抽象人本主义的价值悬设,而是在世界各种原始部族社会中曾经存在的历史事实。相反,在人类社会历史发展的进程中,这种人的理想化(真实)的象征交换关系逐步走向死亡,原先那种不确定、不粘附于物性功能的象征世界不断转化和异化为种种指称于功利性有序价值体系的伪关系世界。这个观点与拉康的否定性关系本体论也是同向同质的。在《物体系》、《消费社会》、《符号政治经济学批判》和《生产之镜》等书中,波德里亚一步步揭示和证伪了无序的象征交换从有序的功能效用物、交换价值体系再到符码价值关系结构的沦落过程。不过在这里,波德里亚则重点说明了资本主义世界生成以来的伪关系世界的本质。在一种原创性的新的构境框架中,波德里亚不再依从索绪尔简单地用符码关系来指认当前资本主义伪现实的本质,而转而将这种伪关系世界的存在方式指认为拟像。这个词在《消费社会》和《符号政治经济学批判》等书中已经出现,但那时并没有成为关键性学术建构范式。因为在工业性、现代性的资本主义社会之中,人与外部世界的主要"在世"关系是以模拟和仿真外部指涉物为基底参照,并以对象性地支配自然为人所用为目标指向的。而在当代资本主义发展中,拟像本身被推进到反拟像的拟真阶段。

这种所谓的资本主义社会存在场境中的拟像关系,又被波德里亚具体界划为三个不同阶段,或者叫"三重秩序(有序性)":第一个阶段为"文艺复兴到工业革命的'古典'时期"。这一时期中人与世界的关系具体表现为人与外部自然界的关系,这种有序关系的本质为"仿造"。波德里亚后来在《拟像与拟真》一书中具体解释说,这一阶段的拟像是自然主义性质的,是"在意象(也就是在摹仿和伪造的二元性)的基础上建立起来的,它们与仿造对象的关系是和谐的、乐观的,而且,它的存在性,是要去重建出那个以上帝为意象的自然之理想结构"[①]。这与海德格尔所反对的那个对象性二元认知构架恰好是同构的。这应该说,此时人与世界的关系主要体现为人向自然学习,人依从自然规律、模仿自然存在方式,并依自然为参照

---

① [法]波德里亚:《拟像与拟真》,中译文参见洪凌译,台湾时报文化1998年版,第233页。

制造和塑形物品。我以为,千万不要对波德里亚的这种质性区分当真,因为这完全是无历史依托的。在现实的社会历史进程中,"仿造"绝不起始于资本主义工业。并且,波德里亚随意地将这时起作用的规律称之为"价值的自然规律",这个意思似乎是将自然物质纳入到为我所用的功用体系的过程。

第二个阶段是"工业时代",这里的拟像方式是"生产"。此时发生作用的是"商品的价值规律"。这显然是波德里亚特设的狭义的现代性物质生产。波德里亚在《拟像与拟真》中将此阶段界划为生产主义性质,并且指认其是"在能量与动力的前提上存在,那是一个普罗米修斯式的目标,想要造成永不间断的全球性扩张,以及某种能量的无限解放(欲望属于这样的乌托邦,它与这个层次的拟像相接合)"。①在这里,人们主要不再是面对自然物质存在加工性塑形,而是生产出自然界没有的人工制品,生产不再仅仅是仿造自然,而恰恰是破坏自然物质的原有秩序,而在物性存在中制造出为人的有用性构序世界。与第一层级的仿造不同,工业生产的拟像已经是没有原型的,人工制造的本质不是仿制,而是新的物质重组与构序,生

---

① 中译文参见 [法] 波德里亚:《拟像与拟真》,洪凌译,台湾时报文化1998年版,第233页。

产物的存在方式本身是一种具有无限可能性的相互拟像。异质于面对自然对象的仿造，工业生产的本质是非仿造的系列制造。因此，也只有工业生产物才可能在再生产过程中被大量复制。这个再生产，也不是一般经济学研究中的作为生产过程的重复的简单再生产或者创造性的扩大再生产，而是一个断代式的本体性范式，这里的再生产的本质即是系列制作。其实，这个阶段就是商品-市场经济关系建构的社会历史场境，人创造了经济价值存在的王国，却在这个物性生产中迷失了自己。依波德里亚的逻辑，马克思的思想显然就是属于这个时期的观念。

第三个阶段是波德里亚新指认的"受代码支配的阶段"时代，即拟真社会。[①]波德里亚在《拟像与拟真》中将此明确指认为：这一阶段的拟像是在"信息、模型，以及赛伯操控的游戏之上建立起来的，它完全的操作性，超级现实，它的目标就是总体控制"。这个所谓拟真的历史构境本质不再是系列生产和再生产，而是今天资本主义社会受代码支配的时代与价值的结构规律中的模式（model）。在这个筑模方式中，传统拟像的物质生产方式被彻

---

① 波德里亚这里的"模式"一词，时常也是在动词的意义上使用的。我注意到，英国当代科学社会学家皮克林使用了"modeling"筑模一词，我觉得也更能准确表征波德里亚这里的构境意义。

底改变:

> 这是起源和目的性的颠覆,因为各种形式全都变了,从此它们不是机械化再生产出来的,而是**根据它们的复制性本身设计出来的**,是从一个被称为模式的生成核心散射出来的。这里,我们进入了第三级的拟像,不再有第一级中那种对原型的仿造,也不再有第二级中的那种纯粹的系列:这时只有一些模式,所有形式都通过差异调制而出自这些模式。①

在这个所谓第三级的拟像中,出现了几个关键词:一是模式,也可以叫模型,它是指在第三层级的拟像中,事物和人的生存出场的方式;二是调制(modulation),也可以叫**差异性调节**,它是指按照一定的模式被生成的东西的根本性质。以我的理解,这也是拟真的本质。波德里亚说,与拟真相比,资本主义的工业化时期只是拟像的初级阶段,今天我们才进入到拟像的第三级——拟真之中。由此,现在的一切存在都"只有纳入模式才有意义,任何东西都不再按照自己的目的发展,而是出自

---

① [法]波德里亚:《象征交换与死亡》,车槿山译,译林出版社2006年版,第78页。

模式,即出自'参照的能指',它仿佛是一种前目的性,唯一的似真性"。①在这个新的时代中,人不再直接与外部世界发生关系,而是通过拟真建构世界,所以,在严格的意义上,拟真已经是反拟像的,因为前两个阶段中的拟像关系都是有对象性世界和指涉物的,而第三个世界本身是无对象无指涉物的,这是一种自我繁殖的无外部指涉关系的代码关系世界,或者叫自体生成的结构性价值世界。其实,拟像与拟真的关系,是波德里亚晚期思想中最容易弄糊涂的范畴。比如拉什就将拟真误认为拟像(simulacrum),并且不准确地指认拟真为"没有原物的拷贝"。②而实际上,拟真根本就不是拷贝。有的论者认为,波德里亚此处的三种有序性的观点受到了柏拉图《理想国》中相关论点的影响,我认为,在表层话语中看似有关联,可实际上生成的思想构境却是完全异质的。③我还注意到,像鲍曼、哈维这样一些大师级的人物同样在这个问题上出错,因为他们也会常常将拟像误指

---

① 中译文参见 [法] 波德里亚:《拟像与拟真》,洪凌译,台湾时报文化1998年版,第233—234页。
② [英] 拉什等:《符号经济与空间经济》,王光之等译,商务印书馆2006年版,第21页。
③ 参见戴阿宝:《终结的力量》,中国社会科学出版社2006年版,第159页。

为拟真。①

好了,这个复杂的"拟像-拟真"逻辑,就是波德里亚在上一世纪70年代中期原创性的思想,也是他用以取代马克思主义关于当代资本主义社会奴役透视的最新批判话语。可是,也就是在三年之后的1979年,波德里亚突然在自己的《论诱惑》一书中提出了一个全新的诱惑概念,并且告示了一个新的理论事件,资本主义正走向一个新的诱惑的时代。这让很多他的理论粉丝们一下子丈二和尚摸不着头脑。于是,各种离奇且不着边际的猜测纷纷出笼。下面,我们就来看波德里亚这次比较突然的思想构境事件。

2 诱惑的缺席和出场

众所周知,在上一世纪70年代,法国"红色五月风暴"失败之后,一股逆转左派革命话语的所谓的后现代思潮应运而生,由德国法兰克福学派主将阿多诺所开启的反对现代工业体制的祛总体性和非同一性逻辑在法兰西的思想语境中被大大

---

① 参见:[英]鲍曼:《碎片化的生活》,剑桥大学出版社1995年版,第151页;[美]哈维:《后现代性的状况》(*The Condition of Postmodernity*),布莱克维尔出版公司1990年版,第300页。

光扬和重新构境了。①表面看起来，后现代激进话语是在批判现实资本主义社会，布尔乔亚的个人主体在不同出场地平中死亡（"人的死亡"、"主体的死亡"、"作者的死亡"），"存在"从晚期海德格尔那种被打上叉到直接被抹除为空无，总体性的理性构架被解构为液化的碎片，进步的历史宏大叙事被中断、废黜和微观化，一切理性的深度本质被平面的外表狂欢和游戏取代。一下子，后现代思潮几乎成了欧美激进思想界的主流学术话语，大有重新建构整个精神世界新境的态势。上一世纪90年代初，国内一些现代文学理论的学者跟着西方学术界的诠释，将这股思潮标注为所谓"后现代主义"引入中国，也是热闹了好一阵子。最有意思的是，英美学术界也将波德里亚看成是这一后现代思潮中的始作俑者和最重要的代表人物。波德里亚可能正是贴着这种理论标签进入中国学术界的。至今，人们还在从不同的角度认证他对后现代思潮的奠基性历史作用。实际上，恰恰在这个众人头脑暴热的狂欢时刻，"当事人"波德里亚却表现出一种奇特的思想冷静和逻辑透视感。我发现，波德里亚并不想加入这场游戏般的闹剧，他公开

---

① 参见拙著：《无调式的辩证想象——阿多诺〈否定的辩证法〉的文本学解读》，北京三联书店2001年版。

表明,自己的思想与"后现代主义"没有任何关系!在他看来,自己对当代现实社会的批判性分析被人们肤浅地"事后拼贴"标注为时髦的"后现代",实在是相当荒谬的事情。①显然,他觉得人们并没有真正读懂理解自己发明的重新透视当代资本主义社会实质的"拟像-拟真"一类东西。拉康说,理论总是在误读中到来,波德里亚的声明并没有引起人们的注意,他仍然被误读,所以,到来也是离开。或者,拟真中的波德里亚从来没有到来。波德里亚真是可怜。

1979年,波德里亚独具匠心地写下《论诱惑》(*De la séduction*)一书,以我的猜测,他的本意是试图用诱惑这样的美文学的、空洞的反讽性范式再一次深化拟真这个激进的否定性范式,更重要的意义在于,他想要通过对诱惑的批判性内省,界划自己与后现代话语的根本异质性。然而,他的逻辑构境太深了,似乎达及了人们常理所无法触及的层面。加之,他用心良苦地批评了他周围法兰西同胞中的一批热血激进斗士,所以,《论诱惑》一书的写作更像是在打逻辑太极拳,云里雾里,棉内藏针,说一段,骂几句再揉一下,一段重要的逻辑

---

① 参见[法]波德里亚:《物体系》,林志明译,上海世纪出版集团2001年版,译序第9页。

构境之后,往往会有很长一段感性具象描述,这都增加了这一文本的理解难度。所以,《论诱惑》被误读,实属必然。

于是,关于"诱惑"在波德里亚思想发展史上地位,"学术粉丝"和研究者们的意见则众说纷纭。然而,不少论者都倾向于将"诱惑"视为波德里亚继"拟像-拟真"之后的一个新的质性思想转变。比如,凯尔纳将诱惑说成是波德里亚思想上的一个重要转变,即"对生产和交往相互影响作用的一个替代项"。[①]这是一个含糊其辞的说法。波斯特似乎也有类似的说法,在他那里,诱惑被视作"可能是取代生产模式的一种模式",而体现出"波德里亚后期的术语(超真实)的全部后现代主义的含义"。[②]我觉得,他正好解释反了,诱惑,在波德里亚这里是他对后现代现象的反讽性的说明,他是一个后现代思潮的真正批判者。在我看来,诱惑并非一个新的思想转变,而是波德里亚对布尔乔亚社会中新的拟真形式(后现代)认识的深化。对此,我会给予比较详尽的说明。

我们先来简单看一下这本书的基本结构。波

---

① 参见[美]凯尔纳:《千年末的让·波德里亚》,刊《波德里亚:批判性的读本》,陈维振等译,江苏人民出版社2005年版,20页。

② [美]波斯特:《批判理论与技术文化》,刊《波德里亚:批判性的读本》,陈维振等译,江苏人民出版社2005年版,第8页。

德里亚的《论诱惑》一书共分三个部分：一是"性之食相"；二是"表面的深渊"；三是"诱惑的政治命运"。依我的理解，第一部分是通过对布尔乔亚社会中性之食相，即从遮蔽到完全解蔽的过程，说明了性拟真中诱惑的缺席，以及现代权力关系中诱惑的重新出场。第二部分，是揭露今天的布尔乔亚如何让诱惑通过表面的游戏使零度现象成为不可见的统治和支配的深渊的奇妙构境。第三部分，则是宣告了诱惑正是当代布尔乔亚意识形态的诡计，后现代的解构策略、反对总体性、拒绝解放话语的"怎样都行"的碎片化生存，正是资本玩弄的磨平反抗的再次施魅。这三个部分，依次说明了古老的诱惑如何历史性地成为当代布尔乔亚意识形态超级拟真的命运。

全书开始的第一句话："一个不可磨灭的命运压在诱惑（séduction）之上。"[①]在此书的结尾之处也有相近的一句。这是一个略带诡秘的说法。在西方，说到诱惑，人们最先会想到的是《圣经》中的原罪缘起，因为魔鬼的出场，诱惑总是邪恶的诱惑，或者是红尘中的诱惑。这在东方的神学语境中也是相近的。所以，波德里亚说，诱惑起初就不属

---

① ［法］波德里亚：《论诱惑》，张新木译，南京大学出版社2011年版，第1页。

于存在的本质（上帝之城），而总是的见不得人的"人世的招术（artifice）"。以至于，一直到封建贵族那里，消除诱惑都是被热切关注的事情。可是，在布尔乔亚征服和重建这个此岸世界之后，鬼魅般的诱惑一度被物性的生产和理性的本质所挤压。当布尔乔亚的工业-现代性出场时，阴凹的诱惑是被生产-经济价值逻辑的祛魅（韦伯语）至死的。"布尔乔亚时代注定要回归本质，回归生产，对诱惑而言，这些都是与它格格不入、甚至特别致命的事情。"波德里亚这里的意思是，对于资本家来讲，通过物性生产对象化地改变客观对象是成为真实统治者的唯一正事，这个人造的"生活世界"的理性本质不再是神灵外赋的，而是被资本主义重新建构出来的。资本是新的造世主！也正因为如此，所有"伟大的生产体系和阐释体系"，都不断地将神秘而充满魔性的诱惑排斥在基本概念场之外，诱惑作为阴凹的"妖术"和人为的招术，一种使所有真理偏向的黑色魔术，一种符号的阴谋，几乎遭到了所有正统布尔乔亚学术思考的驱逐。

然而，诱惑真的在布尔乔亚世界中消失了吗？特别是在今天的所谓后现代生活之中，诱惑仍然不在场吗？波德里亚显然不这样看。为了回答这个疑问，他绕了很大一个圈，在一个巨大的逻辑回路之后，古老的诱惑从布尔乔亚初始的效用性生产-

经济价值世界中的缺席,重新走向后现代表层游戏的凸状在场,并且成为我们时代的可悲命运。命运一语,显然是挪用晚期海德格尔"技术是人类的命运"之意。这就是《论诱惑》一书的中心思想。

在第一部分中,波德里亚首先分析了诱惑与性的复杂历史交织,此后再由之过渡到权力与诱惑的关系。显然,他倒没有讨论通常布尔乔亚世界中人们关注的金钱的粗愚诱惑,却抓住了处于人的象征域之中感性的性,并且,他关注的是作为一时被遮蔽的性之"食相(écliptique)"。这是一个很巧妙的构境入口。"écliptique"一词原来是指人可视的周边天体被一时遮住阳光,暂时乌有的现象。在传统的理解中,性总是与欲望和诱惑相关,可是波德里亚却发现,在布尔乔亚世界中的"性解放"中似乎却使诱惑缺席。他是要从缺席中界划诱惑的质性边界。

波德里亚认为,在过去的时代,性事常常是与魔鬼为伍的见不得人的阴凹之物,性事也是因为总被遮蔽、被压抑,方才在某种不透明的秘密象征域中显出魔力和诱惑性。而在布尔乔亚世界释放出来的"性解放"之后,性事干脆走到使用价值生产的阳光下面,并且洪水般地泛滥和被生产制造出来。然而,当性事成为没有秘密情境的生产物的时候,情况就立刻发生了变化。因为,不再有缺失,不再有禁忌,不再有界限:这是任何参照原则的丧失。经济理性只能靠物质的匮乏来支撑,它将随着目标的实现而逐渐消失,其目标就是驱除物质匮乏的幽灵。而欲望本身也只能靠缺乏来支撑。当缺乏整个进入需求之中,当它毫无节制地进行操作时,它就变得没有现实(réalité)。因为在没有想象时,欲望将遍及所有地方,但是以一种普及化的拟真(simulation)形式出现。正是欲望的幽灵在困扰着性那已经逝去的现实。性随处可见,就是性的特性中没有(巴特)。①

性随处可见,就是性的特性中没有。巴特的这句话的确很难懂。这让人想起拉康所说的"性关系是不存在的"一语。波德里亚的解释是,任何东西之所以能够成为欲望对象,最简单的原因都是由于它的匮乏。所以,金钱至上的"经济理性"是由物质条件的匮乏来支撑的,性欲自然也是由于某种生理上的匮乏所致。可是,当某性事成为被**拟真**所建构出来的无禁忌、无节制的滥交时,它必定会失去自

---

① [法]波德里亚:《论诱惑》,张新木译,南京大学出版社2011年版,第7—8页。

身现实存在的想象性支撑，故尔，有性但无象征构境中真实存在的性。在他看来，"不确定原则（principe d'incertitude）扩展到性别理性中，正如它已经扩展到政治理性和经济理性中那样"。①这里的不确定性，不是波德里亚作为人的本真存在——象征交换关系中的原初规定，而在符码象征交换体系中被重新拟真出来的伪不确定性。依波德里亚的看法，今天布尔乔亚社会中的滥交是拟真出来的超级真实，看起来，它比真实的性事更"真实"，但在这种超级真实建构的"性解放"之中，真实的性爱已经死亡。

最有意思的是，波德里亚竟然指认当代女权主义运动在反对父权制的斗争中出现的某种逻辑近视。面对以女性为主要牺牲品的"性解放"，我们可以看到女权主义也在反对各种各样日益公开化的性交易和性表演。可在波德里亚看来，这种反抗是无效的。因为"她们并不理解，诱惑表现了对象征世界的控制，而权力只表现了对真实世界的控制"。这是他最早在这一文本中使用诱惑范式，可这里的诱惑是什么意思，他并没有作详尽的解释。他的意思是说，今天布尔乔亚对女性的奴役已

---

① ［法］波德里亚：《论诱惑》，张新木译，南京大学出版社2011年版，第7页。

经不再发生在真实的世界之中,而是在非实在的象征世界之中,所以女权主义试图在现实世界中求权,恰恰会被资本更深地利用。当然,这里的象征世界并非本真的象征交换世界,而是重新被拟真建构起来的伪象征幻境。我觉得,波德里亚这里的思想与西方新女性主义后来对隐性文化父权制的批判转移是同向的。他认为,这种在伪象征关系中建构起来的超级现实恰恰已经完全逃离了现实。原因在于,在今天的性拟真中,

> 它将真理中的一切东西抽掉,把它纳入游戏,纳入外表的纯粹游戏。在游戏中,它转眼间挫败所有的意义体系和权力体制:让外表围着自身打转,让身体以外表形式进行游戏,而不是作为欲望的深处——然而所有的外表都是可逆转的——在这个唯一的层面上,所有体系都是脆弱的、易受攻击的——意义只有在巫术中才容易受到攻击。[①]

请一定记住这里波德里亚所指认的**外表游戏**,这种抽掉真理、挫败意义和权力体系的东西,

---

① [法]波德里亚:《论诱惑》,张新木译,南京大学出版社2011年版,第12—13页。

将是他最终揭露后现代思潮本质的通道。那将是一种没有诱惑的超级诱惑。这是说，布尔乔亚世界中的性拟真恰恰不是在欲望对象的匮乏中建构起来的，而反倒是漫溢过度的给予，所以，它不再是传统象征意义和权力层面上的东西，而是伪象征世界中对性事的拟真。在波德里亚的眼里，今天的性拟真之中，"除了外表之外，没有任何东西属于它——所有权力都从它手中滑落，然而它又能逆转权力的所有符号"。这样的话，谁能与之对抗？看起来，女权主义在反抗强权，可是这种属于外表游戏的性拟真中却没有强权。

  在这个空间里，真实与模式（modèle）之间同样没有区别的可能，没有其他的真实，只有拟真的模式分泌出的真实，正如没有其他的女性气质，而只有外表的女性气质那样。拟真本身也是无法解答的。①

是的，如果我们不是在第一节详细讨论波德里亚的"拟像-拟真"逻辑，这一切都会是无法解答的。我觉得，这是波德里亚从拟真批判话语构境向诱惑

---

① ［法］波德里亚：《论诱惑》，张新木译，南京大学出版社2011年版，第17页。

分析空间的一个过渡。并且,波德里亚这段分析,其实也只有看完他《论诱惑》的全书才能真正理解。

在波德里亚看来,对于今天处在布尔乔亚"性解放"中的妇女,世界突然向她们"打开欲望的所有大门",看起来,女性"既不受压抑,也不被禁止性享受:她完完全全地处于其地位上",可是,这恰恰是说明了作为 20 世纪女性解放结果的东西却是一个巨大的骗局。波德里亚认为,"整个性解放就处在这种强加权利、强加地位和女性的性享受的策略中。这是作为性的女性的过度展示和舞台演出,也是作为性的众多证据的享受的过分展示"。① 处于这种展示中心的,就是所谓"女性气质"。我觉得,这个是波伏娃"第二性"的一个展示性漫画版指认。然而,现在作为性拟真结果的展示性"女性气质"不再是现实世界中的东西,而是从以外表游戏为核心的象征模式中被建构的。波德里亚说,今天社会中的所谓无非就是男人们用来包装它的各种符号。"过度拟真女性,也就意味着女人仅仅是男性拟真一个模式(modèle)。"这让人想到波伏娃所说的,女人不是天生的而是被男人制造的一语。并且,正是"通过对深层拟真(simulation en profondeur)的表面

---

① [法]波德里亚:《论诱惑》,张新木译,南京大学出版社 2011 年版,第 31 页。

进行超级拟真(hypersimulation)的解决法。这种深层拟真就是阉割的象征法则(loi symbolique)本身——诱惑的性转移游戏"。① 是在这里,波德里亚试图说明,布尔乔亚的性拟真中,恰恰不存在神秘的象征域中的**传统**诱惑。诱惑被简单消除和解构了。

为此,波德里亚以今天泛滥成灾的黄色淫秽(porno)为例。在他看来,黄色淫秽"给性别空间补充一个维度,使该空间比真实的空间更加真实——这就是构成诱惑缺席的东西"。②这是一个断裂! 我以为,他是要说明什么不是诱惑!

他说,在黄色淫秽中,过去一切看不见的东西突然之间都不可思议地出现在眼前,

> 这一切都太真实了,也太近了,因而反倒不真实。这正是令人欣喜的东西,是现实的过量,是事物的超真实。黄色淫秽中唯一的关键是幻觉,如果有的话,将不是性的幻觉,而是真实的幻觉,被吸收在真实和超真实(hyperréel)以外事物中的幻觉。黄色淫秽的窥淫癖并不是对性的窥淫癖,而是对性的表现和消失的窥

---

① [法]波德里亚:《论诱惑》,张新木译,南京大学出版社2011年版,第23页。
② [法]波德里亚:《论诱惑》,张新木译,南京大学出版社2011年版,第46页。

淫癖,是场景消失和诲淫物(obscène)涌入的一种眩晕症。①

在色情秀场和 A 片中,一切都太"真实"了,在这种拟真的超级真实中,只有性爱的死亡。在这里,恰恰**性不在场**！女人是不存在的！波德里亚说,这就好像今天"高保真"的音乐。在神奇的技术拟真中,我们拥有了"四维的音乐":"不仅有环境空间的三维,还有内脏的第四维,即内部的空间——还有完美地还原音乐的技术狂热（巴赫、蒙特威尔弟、莫扎特！）。"是的,在我们通过六声道环绕音响系统听音乐时,主音箱、主置、环绕,再加上低音炮,许多音效都是从内脏,甚至是从内脑中喷射出来,过去我们在音乐厅或什么地方听音乐的距离已经不覆存在,"它已经被废除,人们处于四面被围的状态,再也没有音乐空间,这是一种总体的气氛拟真(simulation d'ambiance totale),它剥夺了你任何细微的分析性感知,而这种感知本该是音乐的魅力所在"。②波德里亚认为,高保真音乐拟真中出现的超级真实,恰恰让音乐失去

---

① [法]波德里亚:《论诱惑》,张新木译,南京大学出版社2011年版,第46页。
② [法]波德里亚:《论诱惑》,张新木译,南京大学出版社2011年版,第48—49页。

真实的魅力。我不得不说,波德里亚真是深刻。波德里亚说,黄色淫秽就是拟真中多声道的性。它让传统不可见的性行为成为可见的,并且为它添加上第三或第四道音轨和视像。这里主宰一切的是细节的幻觉,是处于微观细节中的真实过量(excès de réel)。然而,"人们越是狂热地走向性的真实性,在没有遮羞物的情况下操作,就越是会投身于符号的积累,就越是会自我封闭在无穷无尽的超值意义中。这是一个不复存在的现实的超值意义,是一个从未存在过的身体的超值意义"。[1]在这种超值意义之中,一切秘密结束了,这只是一种操作性的性生产。波德里亚此处的生产并非指传理解中的一般劳动生产,而是以资本主义工业为基础的现代性生产。

从劳动话语到性别话语,从生产力话语到冲动话语,传送着与**生产**(pro-duction)一样的命令要求,即字面意义上的生产。生产最初接受的词义实际上不是制造的意思,而是使某物可见(visible)的意思,即让某物显现(apparaître)或出庭(comparaître)。性别被生

---

[1] [法]波德里亚:《论诱惑》,张新木译,南京大学出版社2011年版,第53页。

产出来，正如人们生产一份文件那样。①

而依波德里亚的看法，性爱原本应该属于更高级的"礼仪和挑战的逻辑"，对于爱者来说，性事的快感来自于双方的象征性爱抚和挑逗，诱惑生成于被遮蔽的秘密。②"因为在象征范畴内，位居首位的应该是诱惑，而性只是一个额外之物。"这是人与动物在性爱与生殖关系上的质性区别。为此他还举了一个怪怪的例子，即中国的"庖丁解牛"。他说，"对世界的操作来自于一种精神诱惑——于是庄子笔下的庖丁和他对牛的身体结构的领悟，使他能得心应手地描述这个结构，毫不损害刀刃的锋利：一种象征性解决法，它会额外地带来一种实用目的"。③性爱是一种精神性的象征诱惑，做爱本身不过是一个额外的结果。可是，布尔

---

① ［法］波德里亚：《论诱惑》，张新木译，南京大学出版社2011年版，第55页。

② 应该加以说明的是，在《符号政治经济学批判》一书中，波德里亚曾指认过社会存在中出现过的四重逻辑，即使用价值的功能性逻辑、"交换价值"的经济性逻辑、符号/价值的差异性逻辑和象征性交换的逻辑。与这四重逻辑对应的质性分别是有用性（l'utilité），等同性（l'équivalence），差异性（ladifférence），不定性（l'ambivalence）。这里的礼仪和挑战的逻辑应该属于第四象征交换的逻辑，只是他为了专门说明诱惑的特性做了某种上的变形而已。上述四重逻辑的观点可参见［法］波德里亚：《符号政治经济学批判》，夏莹译，南京大学出版社2009年版，第115—116页。

③ ［法］波德里亚：《论诱惑》，张新木译，南京大学出版社2011年版，第66页。

乔亚的现代性生产,就是强制性地将原本"秘密和诱惑"的东西物质化并且制造出来,所以"诱惑在任何地方和任何时候都是与生产相对立的东西"。当性成为产品的时候,其中就没有象征性的精神诱惑,透明的生产性的多声(视像)道的黄色淫秽中没有诱惑,

> 因为这是性行为的即时生产,是快感那生猛的现实性。在这些被目光整体穿越的身体中没有任何诱惑,因为这个目光到处被透明的虚无吸引着——在生产的世界中也没有诱惑的影子,因为这个世界在可见和可推断的现象范畴内,由力量的透明原则充当主宰:物品、机器、性行为或国民生产总值。①

波德里亚说,在我们布尔乔亚式的文化中,透明的性生产战胜了诱惑,经济逻辑取代了象征关系的"礼仪的逻辑"。这将是性爱的死亡,也是充满魅力的诱惑的死亡。"事至今日,在大多数情况下,性别只出现在缺乏的诱惑的场所和位置上,或作为失败的诱惑的废料和表演。因此,**在性别上被幻觉化

---

① [法]波德里亚:《论诱惑》,张新木译,南京大学出版社2011年版,第56页。

的正是诱惑的缺席形式——在欲望的形式下。正是在这个对诱惑过程的清除中,欲望的现代理论才能获得其力量。"①

诱惑属于礼仪的逻辑,这是波德里亚的一个新的说法。礼仪本该是象征交换的事件,可是在这里,他专门提出"礼仪"是要过渡到一个新的讨论域,即现代权力的新诱惑。与性拟真中缺席的阴凹性诱惑不同,现代布尔乔亚权力场中的诱惑恰恰中表面凸状性的。这是明着做给你看中的诱惑。波德里亚发现,布尔乔亚民主建构中的权力,不再是传统封建专制式的外部强暴性的权力,而是一种表面礼仪化的新型软性权力。正是这种公开展示的礼仪性权力,建构出一种全新的诱惑。伊格尔顿所说的有巨大吸引力"甜蜜的暴力"。正是这种新的权力诱惑才使得无数人的"投奔自由"。在这一点上,波德里亚的分析是十分深刻的。

首先,波德里亚说,今天的"权力诱惑人",但这并不是说权力的显赫地位吸引人,而是说布尔乔亚的权力恰恰通过一种可逆性的挑战构成新的诱惑。"权力通过这种困扰权力的可逆性来诱惑"。这同样是很难理解的东西。举一个具体些的

---

① [法]波德里亚:《论诱惑》,张新木译,南京大学出版社2011年版,第63页。

例子,我们到美国白宫或者其他发达资本主义国家的总统府前面,甚至东京和巴黎的大街上,都能看到抗议的群众,虽然是在固定的地点,有限的时间和线路中发生的"抗议",这毕竟是一种对权力的公开的挑战。当然,这就是波德里亚所指认的作为今天布尔乔亚"民主体制"中的必要组成部分,一种礼仪中的挑战。布尔乔亚的权力恰恰在这种表面的自由民主游戏中巧妙布展,这比专制体制中的直接暴力显然具有更大的诱惑。"只有当权力重新变成一种针对自己的挑战时,它才具有诱惑力,否则它仅仅是一种练习,只能满足一种理性的霸权逻辑。"[①]所以波德里亚说,其实诱惑比直接的权力强大。

其次,他发现在布尔乔亚的权力和生产背后,都存在着一个本体论上的空白,一个虚无。与传统欲望对象的匮乏形成诱惑不同,今天的诱惑生成于本体论上的"无"。"如今正是这个空白给它们最后一丝现实的希望。若没有逆转它们、废弃它们和引诱它们的东西,它们将永远也不会获得现实的力量"。这显然是拉康的东西。波德里亚是想说,人们想象域和象征域中的欲望对象作为一种

---

① [法]波德里亚:《论诱惑》,张新木译,南京大学出版社2011年版,第73页。

永远的空白产生巨大的诱惑,这是布尔乔亚的民主权力和功能性生产走向现实的支撑,

> 你能相信像权力、经济、性等这些伟大的**现实**玩意儿,如果没有支持它们的迷惑力,它们能支撑一会儿么?这种迷惑力正是来自于相反的镜像,它们在镜子中相互反射,进行着持续的转换,享受着感性的体验,感受着灾难的迫近。①

镜像即是本体论上的空白所产生的反指认同关系,按拉康的说法,正是这种**他者关系**才建构了人的自我和主体存在。此处,波德里亚显然是借着拉康话语说,今天资本主义社会中存在的权力、经济和性都是因为背后的"Nothing"才生发出迷人的诱惑力。这是一个很深刻的指认。依波德里亚的拟真理论构境,布尔乔亚的权力、生产和性都是拟真中的不可逆的超级现实,是比真实更真实的"有",仍然,这种"现实仅仅是死亡物质、死亡躯体和死亡语言的囤积——废料的沉积"。这一点我们从上述的黄色淫秽中已经可以理解。按理说,

---

① [法]波德里亚:《论诱惑》,张新木译,南京大学出版社2011年版,第74页。

拟真中是没有诱惑的,可是,我们发现今天的拟真中却出现了可逆性的注入,发现了相反镜像中的空白。"空白作为一种扩展和持续的投资,向权力提出下述空间转换的问题:权力空间的转换,空间与性言语的转换——在生产的蛊惑下,向权力提出诱惑的问题。"①这个空白,将引出当代布尔乔亚世界中新的诱惑问题。

也是在这里,波德里亚指认福科关于权力的讨论存在缺陷。"福柯只看到作为话语的性生产,他着迷于某个言语场的不可逆展开和侵入性饱和。"可是他不能理解,现代资本主义社会中的权力布展中已经出现了诱惑性的可逆性空白,以至于不自觉地,"福柯与权力的诱饵不谋而合"。②不懂现代的诱惑,后现代大师也会跌交。当然这只是一个开始,我们将要看到,波德里亚的那些制造后现代鼓噪的法国同胞们,会一个个地被擒出来示众。

---

① [法]波德里亚:《论诱惑》,张新木译,南京大学出版社2011年版,第78页。
② [法]波德里亚:《论诱惑》,张新木译,南京大学出版社2011年版,第77页。

3　浅之深:表面游戏中的诱惑

波德里亚《论诱惑》第二部分的标题是很酷的,叫"表面的深渊"。意思为,看起来是表层的嬉戏,实质上却是无底的奴役深渊,这便是当代布尔乔亚新诱惑的本质。这也是表里颠倒的辩证法。

依波德里亚自己的定义,所谓"诱惑是消除话语意义并且使话语偏离真理的东西"。① 这是令人费解的说明。我觉得,这里的诱惑,是一个被重新形而上学化的东西。我们可以来看一下波德里亚对诱惑的说明。在他看来,今天后现代语境中的诱惑的高明之处在于它深刻的双重反对:

一是自觉拒斥精神分析学式的关于显性话语(discours manifeste)和隐性话语(discours latent)的区分和对立。波德里亚指认说,就像弗洛伊德所说的意识与无意识、本我与自我之间的对抗性游戏,在这种游戏中,作为隐性话语的阴凹之中的无意识和本我,总是强迫意识和自我这些凸状的"显性话语并使之说出它不想说的东西"。

---

① [法]波德里亚:《论诱惑》,张新木译,南京大学出版社2011年版,第81页。

这是一种暴力性的揭示阴凹本质的决心。可是,波德里亚说,今天的诱惑发现了这种决心中的"深度缺乏",因为,它总是怀疑显/隐断裂背后的深度,总是怀疑"/"背后的意义。"/"是一种边界区分也是断裂,在波德里亚的《符号政治经济学批判》一书中,它总是横在"交换价值/使用价值"、"能指/所指"之间,"/"即是一种从现象到本质的批判性揭示的逻辑决心。而在《象征交换与死亡》一书中,波德里亚已经批判了这种传统资本主义的参照性逻辑,他在结构性价值革命中,彻底铲除了参照指涉物的幻觉,说明了当代资本主义基于凸状拟像与拟真之上的差异性自指符码的筑模。其实,这恐怕是从爱利亚学派开始的整个西方形而上学的"决心",这里会有"表相/存在"(爱利亚学派)、"分有者/理念"(柏拉图)、"现世/上帝之城"(基督教)、"经验此岸/自在之物"(休谟-康德)、"现象/观念本质"(黑格尔),其中,除了休谟和康德的"/"真是一种阻断式的关系以外,其他均是从外部凸状表相揭露阴凹本质的主体逻辑"决心"。并且,波德里亚认为这种揭示本质的逻辑决心也就是全部西方形而上学"解释的暴力和恐怖主义"话语。

阐释,这也是后现代的诱惑自觉反对的第二种东西。"阐释则打碎了外表和显性话语的游戏,通过与隐性话语重建关系而释放意义。"①阐释就是启蒙话语,它总是通过理性之光,将不能理解的东西变成可以理解、将阴凹之处的被遮蔽的东西变成可以直接把捉的被照亮的东西,从而把隐匿的秘密解放出来。所以,在资产阶级启蒙的解释话语之下,才会有"客观性和一致性的全部特征",它是达到资产阶级总体性的逻辑通道。这也是阿多诺解构同一性逻辑中的有罪指证。可是,阐释在解蔽中总是"忽视和忘却外表"的意义,当本质和真理被解蔽和解放出来后,外表和现象总是被遗弃在思想的荒郊野地。波德里亚说,时至今日,那种追求同一性的阐释性话语已经开始变得令人讨厌了,因为它在外表领域造成的毁灭性解释是无法计算的,它对隐性意义的优先追求造成了十分深远的错误。

在穿越了这两种现代性的透视棱镜之后,今天的布尔乔亚诱惑则把一切宝都压在了现代性所否定的外部表象上。与现代性的显性/隐性分隔不同,与着力捕捉本质的阐释不同,"在诱惑中则相反,可以说显现物和话语处在最为'表层'的东西中,这种表层物会转向(有意识或无意识的)深层

---

① [法]波德里亚:《论诱惑》,张新木译,南京大学出版社2011年版,第81页。

安排，以便废除这个话语，或用外表的魅力和陷阱替代它"。①波德里亚的意思是说，正是基于这种逻辑透彻，当代（后现代）的布尔乔亚的诱惑话语才会自觉地删除区分显性话语和隐性话语的"／"，反对一切意义上的本质主义，让隐性话语"无效"，恰恰以"外表的魅力和陷阱来代替隐性话语"。即德里达所要消除的用"／"建构出来的一切等级（理性／感性；男性／女性等等），这也是杰姆逊所说的后现代式的无深度和平面性。在今天的诱惑中，外表一点也不肤浅，使诱惑话语"具有诱惑力的，正是它的外表：碰运气、无意义或拘泥仪式并注重细节、符号在表面的传播以及它的变化和细微差别"。当世界背后的意义被删除的时候，当历史进步的宏大叙事的逻辑结构被解构后，自然"怎样都行"了，一切都可以跟着感觉走。

> 所有的外表都联合起来与意义作斗争，以铲除有意或无意的意义，将它逆转到一种游戏中，逆转到另一个任意的游戏规则上，逆转到一个无法抓住的礼仪上，这个礼仪将更具有冒

---

① ［法］波德里亚：《论诱惑》，张新木译，南京大学出版社2011年版，第81页。

险性,比意义的指导路线更为诱人。话语所要对抗的东西倒不是某个无意识的秘密,话语本身、外表的表面深渊;而如果要战胜某样东西,那倒不是意义或反义的幻影和沉重幻觉,而应该是无意义的光辉表面,还有该表面使之可能的所有游戏。①

消除意义,停留于无意义的外表,这是布尔乔亚在"后现代"中最新的诱惑逻辑。"这是隐藏的意义的裹尸布,一种意义隐性增值的裹尸布,而消耗的是外表的表面深渊,吸收的表面,即符号交换与竞赛的瞬间恐惧的表面。"②裹尸布,也是拉康反讽式的词语,在拉康那里,个人主体不过是存在死亡之尸——语言符码裹尸布缠绕而成的空心人。③

这当然是一种十分难以进入的过深的逻辑构境。其实,按照我的理解,布尔乔亚对本质和终极意义的否定也并非开始于后现代,第一个真正告

---

① [法]波德里亚:《论诱惑》,张新木译,南京大学出版社2011年版,第83页。
② [法]波德里亚:《论诱惑》,张新木译,南京大学出版社2011年版,第87页。
③ 参见拙著:《不可能的存在之真——拉康哲学映像》,商务印书馆2006年版,第五章;《文本的深度耕犁——西方后马克思哲学文本解读》,中国人民大学出版社2008年版,第四章。

诉我们世界背后并不存在隐性本质的是20世纪最伟大思想家的马克斯·韦伯,当他用此岸可见事实所建构的形式化、手段性的工具理性取代实质性的价值理性(舍勒为此指认出价值的颠覆)时,就已经开启了全部布尔乔亚物相即是真实的反现象学逻辑,现代哲学中那种拒斥看不见的形而上学一说,不过是这种世界观的肤浅表达而已。黑格尔、马克思的现象学批判均在这种精神祛魅法中被宣判为做作的臆梦。依我的看法,全部现代布尔乔亚政治、经济和法律的内里建构结构都是建立在这种现代性祛魅逻辑之上的。然而,这种否认绝对本质的物相本体论仍然是有背后的,这就是整个现代性资本主义的客观结构,即资本的世界历史逻辑布展。关于这一点,神性语境中的舍勒和海德格尔都有太多的透视,这是他们重祭存在的真正缘由。我觉得,波德里亚批判后现代话语无意义的外表游戏,正是深刻看到这种无意义的真正意义,零度逻辑中的无底深渊。在他看来,自以为正在批判当代资本主义的后现代思想家们,不过了充当了今天布尔乔亚诱惑阳谋的表演者。这是逻辑自反性异化的辩证法。

更有意思的是,在波德里亚看来,已经够先锋的弗洛伊德和索绪尔最终也都陷入了阐释性的同一性话语,因为他们都没有最后放弃对意义(真实)的追逐,从而错失思想的真正的诱惑性。特别是精神分析学语境中的"弗洛伊德本人也放弃了诱惑,以便建立一种具有高度操作性的阐释机制"。波德里亚认为,只有拉康才真正意识到了当代诱惑的本质,"拉康的话语普及了一种精神分析学的诱惑实践,以某种方式为被排除的诱惑报了一箭之仇"。他几乎大喊道:"当我们看到,在拉康的推动下诱惑冲向了精神分析学,进入了一种能指游戏的幻觉形式,真让人喜出望外。"① 这是波德里亚一个非常重要的逻辑指认。在拉康的语境中,什么与诱惑相关?以我的理解,诱惑总是面向可怜的欲望伪主体的,诱惑即是对欲望成因的发现,这也就是拉康那个著名的对象 a(objet－petit－a②)。对象 a 不是一个直接吸引人的东西,它恰恰是不可能存在的真实在现实失败中的剩余物。这是一种没有被彻底象征化的残余,"它"作为一种非现实的欲望对象,以象征化剩余物的对象 a(objet－petit－a)发生在人的存在深处。人总在期望不可能的"它",可"它"又永远在现实的彼岸。它其实就是康德那个认识论意义上的自在

---

① [法]波德里亚:《论诱惑》,张新木译,南京大学出版社 2011 年版,第 88 页。
② objet－petit－a 在法文中,直接的意思是作为欲望对象成因的小 a,这个小 a 并不直接等于镜像阶段中那个作为小他者的 a。

之物在拉康否定性的关系本体论中的逻辑变形。有意思的是,拉康晚年干脆直接将"它"指认为大写的物(Chose/Thing)。[①]拉康认为,对象 a 既是使主体欲望隐蔽的原因,亦是将主体维系在真理和知识之间的力量。从以上的分析中我们可以知道,对象 a 凭借本体论上那种不可挽回的失去带给我们对存在的期冀。显然,与镜像和大他者的先行到来的强性暴力不同,对象 a 是被先行送走的,它在彼岸世界被预设,但却从来没有在现实社会中实存过。然而,作为欲望的转喻性对象(objet métonymique du désir),它成为欲望形成的真正原因,也是本体论上对那永远缺失、被消去的自我建构和主体存在的乡愁。[②]

我认为,如果说在拉康那里,他从后精神分析学语境中指认了欲望生成的那个不可能在场的隐性对象,而波德里亚则向我们说明了他眼中对象 a 在资本主义后现代现实中如何建构人们的伪欲望的,这就是从阴凹本质中走进光亮外表形式上的诱惑。后现代的诱惑背后不再有要急于成为凸状的质性本质,期冀的前方不再有当下不在场并在

[①] 参见拙著:《不可能的存在之真——拉康哲学映像》,商务印书馆 2006 年版,第 346 页。

[②] 参见拙著:《不可能的存在之真——拉康哲学映像》,商务印书馆 2006 年版,第 351 页。

阴凹处等待被召唤、揭示的真实（如上帝的缺席、真理的缺席和革命的缺席），今天最大的诱惑就是看起来没有深度的形象和外表，现在最有吸引力东西恰恰是本质和真理的不可能性。所以，波德里亚说，在今天保持革命诱惑的最佳方式，就是宣布革命的不可能性。这让我们立刻想到拉克劳和默菲将社会主义定义成不可能性的新革命战略。波德里亚指认的诱惑之谜就在于此道。

那么，诱惑与波德里亚先前提出的拟真概念的关系又是什么呢？波德里亚自己说："拟真的假设仅仅是极端的立场。诱惑的假设仅仅是形式的抽象"。①诱惑即利用主体弱点的陷阱策略，拟真生成诱惑。诱惑让人们在存在论上失身，说大一些，这个拉康式的诱惑才是今天后现代资本主义统治的真正秘密。

现在，波德里亚将拟真一分为二：祛魅的拟真和施魅的拟真。"祛魅的拟真：黄色淫秽——比真实还要真实——这是拟真物的顶峰。施魅的拟真：逼真假象——比虚假还要虚假——这便是外表的秘密。"②前者即是那个比真实更真实的超真实，有

---

① [法]波德里亚：《冷记忆1》，张新木等译，南京大学出版社2009年版，第38页。
② [法]波德里亚：《论诱惑》，张新木译，南京大学出版社2011年版，第91页。

如黄色淫秽,它是拟真的高峰;而后者则是"比错误更错误",这是一个新鲜的说法,波德里亚认为,比错误更错误,这恰恰是今天后现代倚重的"外表的秘密",即诱惑的那种没有本质的本质。在此,波德里亚引喻性地引进了"The trompe-l'oeil(逼真的假象①)"一词来说明这种所谓施魅的拟真。在这里,没有故事(宏大叙事被解构了)、没有作品(作品和作者一同死亡了),甚至不再有对象,所以描述性的话语都已经消失!这不正是今天利奥塔等人鼓吹的后现代氛围吗?可是,什么仍然在诱惑人呢,还是拟真,不过现在的拟真只是

> 不再"显示",它们不再是物品,不再是什么东西。这是一些空白的符号、虚空的符号,意味着反庄严性、反社会再现、反宗教或反艺术再现。作为社会生活的垃圾,它们便掉过头来对抗社会,戏仿社会的戏剧性;因此它们是散乱的事物,按其在场的偶然状态栉次排列。②

---

① The trompe-l'oeil 一词意指某种足以乱真的拟像,比如三维立体电影中令人惊心动魄的影像,如扑面而来的大海、飞驰而至的火车等。
② [法]波德里亚:《论诱惑》,张新木译,南京大学出版社2011年版,第91—92页。

因为，诱惑式的施魅的拟真与传统文艺复兴式的典型空间正好是倒置的，即拉康逻辑构境中的**幽灵式地、不可能存在的**对象的拟真。

我能体会到，波德里亚此处是反讽性地旁观那些后现代艺术，我在纽约、伦敦和东京的现代艺术博物馆中常常看到它们，一个无用的马桶、一团垃圾般的杂草或铁丝，一个只有奇怪外观而没有内容的图案，人们永远不知道它们将表现什么，因为它们什么都不是，而是表相的空白。波德里亚说，

> 这不是一些离开了主要舞台的普通角色，而是出没于舞台虚无空间的幽灵。它们的诱惑不是美学的诱惑——绘画和相像的诱惑，而是急性和玄学的诱惑，废除现实的诱惑。作为幽灵之物，玄学之物，在其非现实的转换中，它们与文艺复兴时的整个表现空间针锋相对。①

可是，正是这种无意义才具有进攻性。所以，"在逼真的假象中没有自然，没有风景，没有天

---

① [法]波德里亚：《论诱惑》，张新木译，南京大学出版社2011年版，第92页。

空,没有没影线,也没有自然光。没有面孔,没有心理,也没有历史性。这里一切都是伪迹,纵向的背景以纯粹的符号树立起脱离参照性语境的物品。"[1]在这种伪象征的艺术拟真中,没有了"真实的光线所提供的深度",以至于一切存在物都不再有阴影和凹点。真实的光线是启蒙理性的隐喻,用德里达的话来说,后现代恰恰中断了理性逻各斯的向日梦。所以,这是一种"没有光源的神秘光线",在它的照耀下,存在落入了黑洞,成为超级在场(hyperprésence)和逼真的假象建构出来的实验性超级拟真(hypersimulation)。这是波德里亚在此书中新发明的概念。诱惑,就是那种没有可能再现它的东西。在这里,人们将遭遇一面不反射的镜子,表象背后什么也没有,所以,"没有视域,没有地平线"。自文艺复兴以来的一切都已经腐烂,在过度的表象之中,无意义的戏仿和反讽成为一切。无意义正是今天后现代资本散发出巨大诱惑力的秘密。也是在这个意义上,哈贝马斯说,激进的现代话语是最大的保守主义,以及杰姆逊说后现代思潮是晚期资本主义的文化逻辑才呈现其重要的深刻性。

---

[1] [法]波德里亚:《论诱惑》,张新木译,南京大学出版社2011年版,第93页。

在拉康那里，我们本体存在中的空无是一个"丑闻"，然而在今天，"只有空白的符号，荒唐的、荒谬的、省略的、无参照的符号在吸收我们"。为了说明这个观点，波德里亚给我们讲了一个故事：有个小男孩要求仙女给他想要的东西。仙女答应了，但提出一个并没有实际意义的条件，就是永远也不要想到狐狸尾巴的红颜色。小男孩觉得这肯定没有问题，便高高兴兴地走了。但是后来，小男孩无法摆脱那个他以为已经忘记了的狐狸尾巴。那没有任何意义的红色尾巴到处出现，在脑子里，在睡梦里。波德里亚说，这个故事凸现了无意义能指的威力，荒唐能指的巨大诱惑。

> 在这里，空白就像是狐狸尾巴的红颜色这种无意义（因此孩子才会满不在乎）引发的空白。在别处，词语和举动的意义将通过连篇累牍和突出音步被清空：让意义疲劳，消磨它，弱化它，以便从零能指中，从空白词语中解放出纯粹的诱惑——这便是礼仪魔术和咒语术的力量。[①]

---

① [法]波德里亚：《论诱惑》，张新木译，南京大学出版社2011年版，第113页。

今天布尔乔亚的诱惑,正是来自于空白话语和零能指,"用虚空去吸引是诱惑的看家本领",无意义所制造出来的新的秘密生成新的诱惑。"而秘密的这个乌有,诱惑的这个非所指(insignifié)在流通,在词语间传播,在意义下流传,比意义流传得更快:在句子来到你面前之前,在句子消失之时,你首先触及的就是这个非所指。话语下的诱惑,无形的诱惑,从符号到符号,秘密的循环。"①就像齐泽克所反讽地指认出的当代资本主义存在的标识,今天现实世界中一切真正具有吸引力的东西恰恰在于它存在支撑点的消失,如无咖啡因的咖啡和健怡可乐。由此,波德里亚说,今天的"诱惑是直接反转的,这种反转性是由它所暗示的质疑以及它所吸收的秘密构成的"。这里的反转式的逻辑即是批判、否定和解构,打倒一切,"怎样都行"了,后现代话语往往在否定一切中吸收某种虚无性的秘密,可谁也没有发现的是,这种内里空无的秘密却是它成功引诱人的魅力。20世纪70年代,后现代话语突然在全球发迹的历史恰好证明了这一点。"也因为这种空虚,缺席总是被任何符号过早爆燃掏空了,无意义是诱惑的突发

---

① [法]波德里亚:《论诱惑》,张新木译,南京大学出版社2011年版,第120页。

魔力。"显而易见，波德里亚并不想成为后现代，他是通过揭露后现代思潮无意识中的布尔乔亚意识形态本质来与其划清界限。这恐怕是我们那些热衷于将他打扮成后现代大师的人们做梦都不曾想到过的事情。

波德里亚说，现在一切都是诱惑，一切都不过是诱惑。过去，布尔乔亚让我们相信现代性的工业世界上看到的一切都生产和建构有用价值物的结果，如果像莫斯、巴塔耶和萨德那样反抗资本主义，我们可以不生产，拒绝经济价值；可是，今天后现代的诱惑却是不可避免的，因为它什么都不是，什么都没有，只是零存在的空白。这个"由任何符号之火的回归在任何点上开挖的不在场"，会突然形成诱惑的无限魅力。什么都没有，你拒绝什么？反抗什么？！由此，诱惑成为我们不可逃避的政治命运。这是《论诱惑》一书第三部分的标题。

结论：诱惑是一种无法抗拒的政治宿命

在第三部分的讨论中，波德里亚区分了生产世界的法则（loi）和游戏情境中的规则（règle）。法则属于约束和禁忌的范畴，规则属于义务的范畴。在现实中，生产的法则有明确的目标，属于表现的范畴,它可以通过阐释和解释来证明,法则描述一个意义与价值的体系,一个潜在的普遍体系;而游戏中的规则是约定俗成的,任意的,其中没有被掩盖的真理,它不会经历到压抑,也不会有显性话语和隐性话语的区分,它仅仅是没有意义而已,并不走向任何地方。更重要的是,游戏规则没有心理学或形而上学的根基,也没有信仰的根基。这就像在中国的游戏中,一个"斗地主"的规则,人们谈不上相信它或不相信它——人们只是遵守它而已。规则的运转,不需要任何理性结构或形式的、道德的或心理的上层建筑。因为它是任意的,根基不稳的,没有参照的,这只是一个约定。比如中国扑克游戏"80分"中的"5、10、K"和"红5"最大。游戏的诱惑力,就在于它让意义消失,抹去任何价值的痕迹和记忆,"游戏的迷惑力则是最纯净的迷惑力"。所以,"游戏没有故事,没有记忆,没有内部积累(赌注在其中消耗,不停地转换,这是游戏的秘密规则,没有任何东西由此输出,既没有利润也没有'剩余价值'),游戏的内部范围没有剩余物。"①

其实,说到这里,我们立刻就会理解为什么后

---

① [法]波德里亚:《论诱惑》,张新木译,南京大学出版社2011年版,第207—208页。

现代思潮会以"无底棋盘上的游戏"(王治河语)来自指了。波德里亚是想说明,"后现代"的诱惑力就在这里。也是在这此处,波德里亚几乎让所有后现代的大师们逐个出场来接受他的审判。

除去上面已经登台的福科,这里最先出场的是晚期巴特。因为他在自己的《恋人絮语》中提出,"为了使意义的企图扫兴,就必须找到一个绝对无意义的秩序",然后出场的,是"声称要通过折射、欲望的分支和布朗运动来挫败意义"的哲学,如果我没有理解错,这是在说德兹。还有那些追逐"不确定性"(德里达),解除关系(利奥塔),增生为"繁星"(étoiles,本雅明和阿多诺)或生成"无数根茎"(rhizomes,德勒兹)的后现代学术明星们。也是在这里,波德里亚指认出,所有后现代的斗士们都不约而同地热衷于反对法则和必然,他们几乎异口同声地吁请游戏中的偶然性。晚期阿尔都塞为了迎合这种理论风潮,甚至生造出一个"偶然相遇的唯物主义"。①

> 这种偶然是我们随机装置意义上的偶然,是服从于概率论法则(而非游戏规则)的、纯粹

---

① [法]阿尔都塞:《偶然相遇的唯物主义,晚期著作,1978—1987》,威尔索,2006年。

概率的偶然,这是理性概念的现代偶然:一种随机的巨大中性(GNA),一个漂浮世界的缩影,这个世界由统计的抽象、非神化的神灵、解除关系和祛魅的精灵们统治着。①

当然,消除了必然性的偶然世界"一个魅力十足的世界,一个诱惑的世界"。后现代的世界是诱惑的世界。当然,这也是一个理想化的世界。波德里亚说,德勒兹正是在《意义的逻辑》一书中想象一种"理想的游戏",这种理想游戏就"在偶然的爆发中,在非决定性的增值中",期冀于未来和欲望的基本表达。可是,波德里亚认为,这种对偶然世界的投资是一种发疯的假设②:因为

> 偶然的出生就像是决定的逻辑秩序的剩余物。即使将它具体化成运动的变量,偶然仍然是因果性原理的镜像形象。它的推广,它的无条件"解放",就像在德勒兹的理想游戏中那样,将属于剩余物的政治经济学,这种神秘的经济学如今到处都在构建——弱势词语向强

---

① [法]波德里亚:《论诱惑》,张新木译,南京大学出版社2011年版,第220页。
② 在此,波德里亚巧妙地借用了德勒兹的话语,因为他在《反俄狄浦斯》一书中竟然将革命的出路指认为"精神分裂"。

势词语的结构颠倒:过去曾经诲淫的无意义的偶然,如今从其无意义中复活,重新变成一种欲望的游牧经济的口号。①

你看,波德里亚给后现代的大师们泼了一盆冷水:非决定的偶然也好、空白的无意义也好、欲望的游牧也好、拒绝宏大叙事的话语也好,其实通通不过是过去生产逻辑和决定论逻辑的镜像剩余物。事实是,把资本主义变成一个狂欢的游戏是绝没有一个未来的:掷骰子(coup de dés)的眩晕总要过去,看起来诱惑的眩晕,最后总会被吸收在一种重复出现的命运之中,这就像疯狂的彩票游戏。当后现代思潮欢呼今天的资本主义社会存在成为彩票式的偶然随机的碎片时,整个游戏性的"现实"一定会"活生生地进入了公司的秘密决定"之中。在德勒兹的纯粹和游牧的偶然中,在他的"理想游戏"中,的确只存在解除关系和开裂的因果关系。然而,当一切都没有定性,当一切都没有法则,一切都没有未来时,我们就只有偶然的"运气"和不定的政治宿命。波德里亚指出,

---

① [法]波德里亚:《论诱惑》,张新木译,南京大学出版社2011年版,第224页。

正是在这种可能的整体拟真的废墟和遗忘之上,在这种拟真的整体螺旋体之上,即**先于真实**而我们又毫无意识的拟真之上——才有真正的无意识:对拟真的不了解,对令人眩晕的非决定性的(indétermination)的不了解,这种非决定性调节着我们生命的秘密秩序。①

这里,非决定论却可怕地翻转成为一种宿命:这种宿命"在此与一种绝对的运动性相吻合,一个专制体系与最根本的民主相吻合(所有命运的即时交流:这正好满足我们这个时代对多价性的渴望)"。②这正是今天布尔乔亚后现代统治的诱惑秘密。说穿了,后现代正是当代资本逻辑布展的文化同谋!所以,"诱惑就是命运所剩下的东西,是赌注、巫术、宿命和眩晕所剩下的东西,是无声效率所剩下的东西"。③

波德里亚说,无论如何,我们都生活于无意义之中,"如果拟真就是这个无意义的驱魔形式,诱

---

① [法]波德里亚:《论诱惑》,张新木译,南京大学出版社2011年版,第232页。
② [法]波德里亚:《论诱惑》,张新木译,南京大学出版社2011年版,第253页。
③ [法]波德里亚:《论诱惑》,张新木译,南京大学出版社2011年版,第276页。

惑则是它的施魅形式"。[①]诱惑是我们在后现代的命运。这正是今天令布尔乔亚大笑的瞒天过海之计。后现代思潮只是无意识地成为资本逻辑的诱惑意识形态的布展工具。这一点,恐怕是无数后现代话语拥戴者做梦都不会想到的真相。

"因为我们以诱惑为生,我们将会死在蛊惑中。"这是波德里亚最后告诉我们关于今天这个所谓后现代狂欢中发生的事件。波德里亚已经成为大他者,他给这个世界留下了太多令人恐怖的回声。

---

① [法]波德里亚:《论诱惑》,张新木译,南京大学出版社2011年版,第276页。

目 录

代译序/张一兵 ………………………… 1

性之食相

群体的永久性讽刺 ………………………… 18
立体的黄色淫秽 ………………………… 45
诱惑与生产 ………………………… 59

表面的深渊

外表的神圣视野 ………………………… 81
逼真的假象或施魅的拟真 ………………… 91
I'll be your mirror ……………………… 101

死在撒马尔罕 …………………… 109
秘密与挑战 …………………… 119
女性诱惑者的肖像 …………………… 128
男性诱惑者的讽刺策略 …………………… 149
被诱惑的恐惧 …………………… 182

诱惑的政治命运

规则的激情 …………………… 201
二元、极性与数字 …………………… 236
游戏和冷诱惑 …………………… 240
诱惑就是命运 …………………… 274

一个不可磨灭的命运压在诱惑之上。对宗教而言,诱惑曾经是魔鬼的策略,巫术或爱情的策略。诱惑永远都是邪恶的诱惑。抑或人世的诱惑。这是人世的招术。这个厄运经历了道德和哲学的风风雨雨,却始终未变。如今又面临精神分析和"性解放"的洗礼。这似乎有点不合常情,性、邪恶和倒错的价值变得具有提升功能,所有被诅咒的东西如今都在庆祝它们的新生,而且常常是安排就序的新生。然而诱惑似乎还停留在阴影中——甚至永远回到了阴影中。

因为十八世纪时人们还在谈论它。它甚至是贵族阶层热切关注的话题,有人怀着敌意,有人带着荣耀。布尔乔亚革命结束了这种讨论(而其他人,后来的革命者最终结束了这种讨论——任何革命首先要结束外表的诱惑)。布尔乔亚时代注定要回归本质、回归生产,对诱惑而言,这些都是与它格格不入，甚至特别致命的事情。正如福柯所说，由于性欲会偶然来自于一个生产过程（话语、言语和欲望的过程），那么诱惑更会隐藏于这个过程，这不足为奇。我们始终生活在本性的提升中——昔日灵魂的善良本质的提升，或是事物的优良物质本质的提升，或是欲望的心理本质的提升——本质一如既往地来临，经历了压抑的所有变形，经历了所有能量的释放，不管这些能量是心理的、社会的还是物质的。

然而诱惑从来就不属于本性的范畴，它属于招术的范畴——从来不属于能量的范畴，而属于符号与礼仪的范畴。因此所有伟大的生产体系和阐释体系，都不断地将它排斥在概念场之外——对它来说多么幸运，因为只有从外部，从这种孤独的深处，它才能继续侵扰这些体系，使体系面临崩塌的威胁。自始至终，诱惑都刻意要打破上帝的秩序，即使变成了生产的秩序或欲望的秩序亦然。对于所有正统学说而言，诱惑仍然是妖术和招术，一种使所有真理偏向的黑色魔术，一种符号的阴谋，是符号在妖术使用中的亢奋。任何话语都受到这种突然的可逆性的威胁，或被吸收到它自身的符号中，不留任何意义的痕迹。因此，尽管所有学科都将话语的协调和目标作为公理，它们也只能驱除诱惑。正是在这里，诱惑与女性气质互相混淆，而且总是混淆在一起。任何男人性总是被这种面向女性气质的突然逆转所困扰。诱惑和女性气质是不可抗拒的,犹如性、意义和权力的反向体现。

如今,驱魔术愈演愈烈,也变得更为系统。我们已经进入最终解决的时代,例如性革命的时代,生产与管理所有微感知和下意识享受的时代,对欲望进行微处理的时代。而作为生产自身的女人,作为女人的女人,作为性别的女人,她将是欲望的最后一位神灵化身。诱惑的结束。

或者说是软诱惑的胜利,在神经质的社会世界中,这是所有关系的女性化,白色与模糊的色情化。

或者说跟这些都没有关系。因为任何人都不能比诱惑本身更加伟大,即使是毁灭它的秩序亦然。

性之食相①

---

① 食相(écliptique),原指太阳或月亮在发生日食或月食时的不同状况。这里喻指性别在不同社会因素影响下的各种状态。

如今，在性话语解放之后，没有任何事物比性更为可靠。在性形象增加之后，没有任何事物比性欲更为可靠。

在性的方面也一样，增殖现象非常接近于完全的衰退。这就是这种性生产、性符号竞价的秘密所在。这是性享受的超真实主义（hyperréalisme），尤其是女性享受的超真实主义：不确定原则（principe d'incertitude）扩展到性别理性中，正如它已经扩展到政治理性和经济理性中那样。

性解放的阶段也是其不确定性的阶段。不再有缺失，不再有禁忌，不再有界限——这是任何参照原则的丧失。经济理性只能靠物质的匮乏来支撑，它将随着目标的实现而逐渐消失，其目标就是驱除物质匮乏的幽灵。而欲望本身也只能靠缺乏来支撑。当缺乏整个进入需求之中，当它毫无节制地进行操作时，它就变得没有现实（réalité）。因为在没有想象时，欲望将遍及所有地方，但是以一种普及化的拟真(simulation)①形式出现。正是欲望的幽灵在困扰着性别那已经逝去的现实。性随处可见，就是性的特性中没有(巴特)。

性神话中向女性(féminin)的转移，与确定性向普遍不确定性的过渡同属一个时代。女性取代男性(masculin)，并不像一个性别代替另一个性别那样，而是根据一种结构的逆转原理来进行。这种替代被看作是对性别的确定性再现的终结，是支配两性差别法则的浮游状态。女性的承担与享乐的顶峰状况相对应，也与性别现实原则的糟糕状态相对应。

因此，在性别的超真实(hyperréalité)的致命状况中，激动人心的就是女性气质(féminité)，正像它过去那么动人一样，然而是处于相反位置的女性气质，处于讽刺和诱惑之中。

---

① Simulation，此词在法文中的意思有假装、模拟、仿真和假冒之意。英文中的意思基本是一致的。此词的中译有模拟、拟像和仿真等，波德里亚显然在用此词表达自己一种全新的意境，即在工业文明之后人与世界关系中拟像的第三阶段，世界的基础生成为没有被拟仿对象的无根性的自我拟真之物，这里显然没有模仿真实对象之意，所以译仿真似有些偏差，译拟真更符合波德里亚此时的语境。——译注。

弗洛伊德说得有道理：只存在一种性欲，只有一种里比多——男性里比多。性欲就是这种强大的区分结构，集中在阳物崇拜、阉割、父亲之名和压抑之上。没有别的什么东西。幻想某种非阳物的、无分割的、无标记的性别特征都是徒劳的。在这个结构中，幻想让女性过渡到分割杠（barre）的另一边，混淆两端的极点，这也是徒劳的——或者结构还是同样的：但整个女性被男性所吸收——或者这个结构崩塌掉，因而不再有女性，也没有男性：结构的零度。这便是当今同时发生的事情：色情的多功能性，欲望的无限潜在性，结构的分叉和衍射，里比多的强度——所有解放的交替方式的多重变种。这种解放的交替方式来自于弗洛伊德解放的精神分析学的边缘地带，或来自于精神分析学的解放的欲望的边缘地带。所有这些变种结合起来，在性的纵聚合项（paradigme sexuel）的沸腾之后，形成一种结构的无区分状态，一种对结构的潜在性中和。

就女性方面而言，性革命的陷阱就是将女性封闭在这个唯一的结构中。在这个结构中，要么女性注定在强大的结构中受到消极的歧视，要么在一个削弱的结构中获得微不足道的胜利。

然而，女性却在他处，女性总是在他处：这正是其威力的秘密所在。正如人们所说，一个事物之所以能够延续，是因为它的存在与其本质不相符，更应该说，女性之所以能够诱惑，是因为它处在人们想不到的地方。因此，女性并不处于痛苦与压迫的历史中，人们通常把痛苦与压迫归咎于女性——妇女们的历史受难之地（其诡计就藏匿于其中）。女性玩弄这个奴役的招术（artifice），仅仅是在女性被指定和压抑的这个结构中，在女性被更为悲惨地指定和压抑的性革命中——但通过什么样的同谋式反常（什么的反常呢？无非就是男性的反常），人们想让我们相信这就是女性的历史呢？压抑就在面前，完完全全，就在对妇女的性贫困和政治贫困的叙事中，它排除了任何其他方式的威力和最高权威。

尚有一种走向性和权力的交替方法是精神分析学并不知晓的方法，因为它的公理体系就是有性别的。毫无疑问，这个他处确实应归属于女性的范畴，应从男女性别对立之外来理解——因为这种对立主要还是男性式对立，所以它是目的地的性别对立，在不确实停止存在时是不会受到侵扰的。

女性的这个威力就是诱惑（séduction）的威力。

作为强大结构的精神分析学和性别特征的衰落，它们向精神和分子世界（无非就是它们最终获得解放的世界）的堕落，让人们隐约看到一个另样的世界（与精神分析学和性别特征的方向平行，二者在这个方向上永远都不会相遇），这个世界不再用心理和心理学关系的术语进行表述，也不用压抑或无意识的术语进行表述，而只能用游戏、挑战、二元关系和外表策略的术语进行表述：即诱惑的术语——不再是结构性和区别性对立的术语，而是诱惑的逆转性的术语——在这个世界中，女性不再是对抗男性的东西，而是诱惑男性的东西。

在诱惑中，女性既不是一个特征词，也不是一个非特征词。它也不涵盖某种欲望和享乐的"自主性"，即身体的自主，言语或写作的自主，即女性可能已经丢失（？）的自主。女性并不要求揭示自身的真理，而只想诱惑。

当然，诱惑的这种最高权威按常规可以说成是女性权威，这个权威也要求性欲在根本上属于男性，但是主要问题是这个形式一直都存在——超然地将女性描绘成什么都不是的东西，从来不"发生"的东西，从来不在女性发生的地方出现的东西（因此，无疑也是在"女权主义"的任何要求中找不到的东西）——而这一切并不处于心理或生理的两性状态视角中，而处于诱惑的性转移状态的视角中。任何性别组织都倾向于抑制这种性转移状态。而精神分析学本身,根据其公理,认为结构无非就是性别特征的结构,这就使它在组织结构上无法谈论其他事物。

在妇女们的抗议运动中,她们面对阳物权威(phallocratique)的结构,对抗的又是什么呢?一种自主、一种差别、一种欲望和享乐的特殊性、她们身体的另一种用途、一种言语、一种写作——永远也不是诱惑。她们感到极为羞耻,好像是将她们的身体人为地搬上舞台去做秀,好像她们处于附庸和卖淫的命运中。她们并不理解,诱惑表现了对象征世界的控制,而权力只表现了对真实世界的控制。相对于对政权和性权的掌握而言,诱惑的权威没有共同的衡量尺度。

女权主义运动和真理范畴之间的这种默契关系特别奇怪,也非常冷酷。因为诱惑被当作一种迂回而受到抨击和抛弃,它是对妇女真相(vérité)的人为迂回,而这个真相,最终将铭刻在女人的身体和欲望中。这样,就一笔勾销了女性的巨大特权,即女性从来就没有获得过真理,接触过意义;这样就抹去了女性成为外表王国绝对主人的特权。这是诱惑的内在威力,它将真理中的一切东西抽掉,把它纳入游戏,纳入外表的纯粹游戏。在游戏中，它转眼间挫败所有的意义体系和权力体制：让外表围着自身打转，让身体以外表形式进行游戏，而不是作为欲望的深处——然而所有的外表都是可逆转的——在这个唯一的层面上，所有体系都是脆弱的、易受攻击的——意义只有在巫术中才容易受到攻击。否认这个唯一与其他威力相当并高于其他威力的威力，这是令人难以置信的盲目行为，因为这个威力可以通过外表策略（stratégie des apparences）的简单游戏将所有其他力量推翻。

弗洛伊德说，解剖就是命运。人们感到奇怪的是，女性运动中对这一命运的抗拒，即从定义上讲是阳物的、通过解剖确认的命运。它开启了一种交替方法，这种方法在本质上隶属于解剖学和生物学：

> 女人的快感用不着在阴蒂的主动性和阴道的被动性之间作选择。也不用抚爱阴道引发的快感替代抚爱阴蒂引发的快感。两者以不可替代的方式互相协助，共同加强女人的性快感……还有其他方式……抚摸乳房、触摸外阴、分开阴唇、压力在阴道前部内壁的来回抽

动、对子宫颈的轻轻碰击等,这里仅列举女性特有的某些快感(露西·伊莱格瑞)①。

女人的言语?但总是解剖学的言语,总是身体的言语。女性的特殊性就在性感部位的衍射中,在偏离中心的性感中,这是快感的一种模糊的多功能性,是性欲在身体上的一种变样:这就是贯穿整个性别革命和女性革命的主题,也是贯穿我们整个身体文化的主题。从贝美尔②的变词游戏到德勒兹③的欲望机器分支都是这样。这个问题总是涉及到身体,若非解剖的身体,至少是器官和性兴奋的身体,具有功能的身体。即使在这种破碎和隐语的形式中,快感将是目的地,而性欲将是自然的表现。二者必居其一:要么身体在这一切中仅仅是个隐语(那么性革命说的又是什么呢?还有我们的整个文化,即变成身体文化的文化,它谈论的又是什么呢?);要么,面对这个身体的言语,面对这个

---

① 露西·伊莱格瑞(Luce Irigaray,1930—),比利时籍法国女性主义哲学家。作品有《东西方之间》、《女性的窥镜》、《性别差异的伦理学》等。
② 贝美尔(Hans Bellmer,1902—1975),德国裔法国艺术家。画作有《欲望的解剖》等。
③ 德勒兹(Gilles Deleuze,1925—1995),法国后现代哲学家。作品有《经验论与主体性》、《尼采与哲学》、《康德哲学批判》、《普鲁斯特与符号》、《斯宾诺莎与表达问题》、《差异与重复》、《意义的逻辑》、《反俄狄浦斯》、《千高原》、《哲学是什么?》、《批评与临床》等。

女人的言语，我们最终已经进入了解剖的命运，进入了作为命运的解剖中。在这一切中，没有任何东西与弗洛伊德的说法根本对立。

任何地方都不涉及诱惑问题，不涉及人为制造的和非性欲引起的身体机能，不涉及受诱惑的身体、诱惑人的身体、与真理热切分离的身体、与性欲的伦理性真理分离的身体，而这种性欲一直困扰着我们——严肃的真理，带着如今由我们的身体体现的深刻的宗教色彩。而对身体来说，对昔日的宗教来说，诱惑既是厄运的东西，又是人为的东西——任何地方都不涉及托付给外表的身体。

然而，只有诱惑与作为命运的解剖根本对立。只有诱惑打破了身体的区分式性别化，打破了由此产生的那不可抗拒的阳物结构。

任何以为能通过动摇其基础而颠覆各种体系的运动都非常幼稚。诱惑则更加聪明，这种聪明是自发的、一目了然的——用不着存心展示，也不用自我构建——它即刻出现在面前，就在对现实所期待的任何深度的逆转中，在对任何心理、任何解剖、任何真理、任何权力的逆转中。诱惑知道这是它的秘密，知道这里没有解剖、没有心理，知道所有符号都是可逆转的。除了外表之外，没有任何东西属于它——所有权力都从它手中滑落，然而它又能逆转权力的所有符号。谁能与之对抗？唯一真正的赌注就在这里：就在对外表（apparences）的控制和策略中，在对抗存在与现实的斗争中。玩弄生灵对抗生灵、真理对抗真理的游戏无济于事：这里便是对基础进行颠覆的陷阱，实际上只需对外表作小小的操纵即可。

然而女人仅仅是个外表。正是作为外表的女性挫败了男性的深度。女人们与其起来对抗这个"污辱性"说法，还不如任由自己受这个真相的诱惑，因为那里正是她们威力的秘密所在。这也正是她们因建立女性深度以对抗男性深度而正在失去的威力。

更准确地说，这甚至不是作为表面的女性在对抗作为深层的男性，而是作为不区分表面与深层的女性。或者作为真实和人为之间的无差别。正如瑞维尔[①]在《作为化妆舞会的女性》（《精神分析学》第7期）一文中所说的根本性建议——其中包含了任何的诱惑："不管女性气质是真实的还是表面的，从根本上讲是一回事。"

这种话也只能是针对女性而言。而男性呢，它

---

① 瑞维尔（Joan Riviere, 1883—1962），英国精神分析学家。他提出了女性主义化妆理论，作品有《爱情与仇恨》、《精神分析学的发展》等。

却知道一种肯定的歧视和一种真实性的绝对标准。男性是肯定的,女性是无法解答的。

然而这个建议涉及到女性,说真实与人为的区别本身就站不住脚,非常奇怪,这也是定义拟真空间的区别的情况:在这个空间里,真实与模式(modèle)①之间同样没有区别的可能,没有其他的真实,只有拟真的模式分泌出的真实,正如没有其他的女性气质,而只有外表的女性气质那样。拟真本身也是无法解答的。

这种奇特的巧合将女性推向其模糊状态:女性是拟真的一个根本证明,同时也是过渡到拟真之外的唯一可能性——恰恰过渡到诱惑中。

---

① 模式(modèle)一词是波德里亚在《象征交换与死亡》一书中建构的一个关键词,它是指在所谓第三层级的"拟像"——拟真中,事物和人的生存出场的方式。——译注。

群体的永久性讽刺

> 这种女性气质,群体的永久性讽刺。
>
> ——黑格尔

女性气质作为不确定原则。

女性气质使性别的两极摇摆不定。它并不是男性的对立之极,而是废除区别性对立的东西,因此它就是性特性(sexualité)本身,正像历史上它在男性阳物权威中所体现的那样,正像明天它在女性阳物权威中能够体现的那样。

如果说女性气质是不确定原则,那么正是在它本身的不确定之处才有最大的不确定:在女性气质的游戏中。

如穿异性服装癖。这些人既不是同性恋者,也不是性转移者,这是异性乔装癖者所喜爱的不区分性别的游戏。他们所施展的魅力,对自身也起作用的魅力是来自于性别的摇摆不定,而不是像通常所见的那样，来自于一个性别对另一性别的吸引。他们既不喜欢男性化的男人，也不喜欢女性化的女人，也不喜欢那些通过重复话语（redondance）把自己当作清晰的有性生灵的人。要想展示性别，必须让符号加强生物的存在。这里，符号从生理存在中分离出来，因此不会再有严格意义上的性别。而异性乔装癖者所钟情的，就是这些符号的游戏；能引发他们激情的，就是让他们自己去诱惑符号。他们身上的一切就是化妆、戏剧、诱惑。他们似乎被性别的游戏所困扰，然而他们首先是被游戏所困扰。如果说他们的生活在性方面似乎比我们常人更为投入，那是因为他们将性变成了一种总体游戏，变成行为的、肉欲的和礼仪的游戏，变成一种狂热而讽刺的祈求。

妮可[①]显得那么美丽，是因为她具有绝对经过表演的女性气质。美丽以外的某种东西，某种更为高尚的东西从中逸出，一种不同的诱惑。得知她是一位假装的喜穿异性服装者，是一位真正的女人，这不免有一种失望感。因为一位非女人的女人，在符号中移动的女人，比一位已经通过性别证明的女人更能够到达诱惑的顶峰。她一个人就可以施加一种毫不含糊的魅惑（fascination），因为她这时比性感更具有诱惑力。当真实的性别显露时，就

---

① 妮可（Nico，1938—1988），本名 Christa Päffgen，德国女歌星与模特。

失去了这种魅惑力。当然,在真实的性别中,另一种欲望将找到其用武之地,恰恰是在完美中找到其用武之地,这种完美只能是招术的完美。

诱惑总是比性别更加特殊,也更为高尚,我们将对它予以最大的重视。

我们不应该在两性状态中寻找穿异性服装癖的某种根基。因为不管是混合的也好,双重性的也好,不确定的也好,颠倒的也好,性别和性特征都还是真实的,它们还能证明性别的一种心理现实。然而被日食隐没的正是对性意识(le sexuel)的这种定义。而这个游戏并没有倒错。倒错的是颠倒词语秩序的东西。然而这里不再存在需要颠倒的词语,不再存在需要诱惑的符号。

我们也不应该到无意识和"潜在的同性恋"中寻找。性潜在期的古老决疑论,是它产生了表层与深层的性想象,而且总是暗示着一种症候式阅读[①]和一种校正过的意义。这里没有任何东西是潜在

[①] 症候式阅读(lecture symptomale),阿尔都塞的哲学概念。在早期拉康的影响下,阿尔都塞将症候分析延伸到文本的阅读中来,就形成了这个所谓"症候阅读法",并以此作为审视马克思著作的独特解读方式。他提出,在读马克思的《资本论》时,不仅要看到马克思写下的文字,还要注意依据各种症结(空白、无和沉默)来把握马克思的问题式(深层理论框架)。用后来的话说,就是捕捉到文本中的隐性话语。——译注。

的，一切都否定这种假设，即性别中存在一种秘密的和决定性的行为体（instance），也否定幻象的深层游戏的假设，因为这种深层游戏指挥着符号的表层游戏——而一切都在转变的眩晕中进行，在性别向符号的质变中进行。这是任何一种诱惑的秘诀。

也许穿异性服装癖者诱惑的威力，直接来自于戏仿——性别超值指意（sursignification）中的一种性的戏仿。这样，穿异性服装癖者的卖淫相对于妇女的普通卖淫，可能会有另样的意义。它更接近于被古人圣化的卖淫（或雌雄同体的圣化身份）。它与化妆和戏剧不谋而合，被当作性别的礼仪性和模仿性炫耀手段，而固有的性享受则缺席不在。

诱惑本身在这里附加了一种戏仿，其中显露出一种对女性来说很无情的野蛮性。这可以解释为一种兼并，即男人对女人整套诱惑手段的兼并。穿异性服装癖者就这样复制出原始战士的状况，唯一有诱惑力的战士——女人则什么都不是（法西斯主义那边的秋波，对穿异性服装癖者的亲近）。然而与其说这是一种性别的累加，还不如说是一种性别的取消。而男性在女性气质的这种衰退中，能否取消他的身份和特权，变成一个礼仪游戏的对位法元素呢？

无论如何，这种对女性的戏仿并不像人们想象的那样野蛮，因为它是这样一种女性气质的模仿，即男人们想象并被搬上舞台的那种模仿，在男人们的幻觉中也是这样。已经越界、堕落、滑稽可笑的女性气质（巴塞罗那的穿异性服装癖者保留着他们的小胡子，袒露着毛茸茸的胸脯），它表明在这个社会中，女性气质无非就是男人们用来包装它的各种符号。过度拟真的女性气质，也就意味着女人仅仅是男性拟真的一个模式。在女人的游戏中，存在一种对女人模式的挑战；在女人与符号对抗中的、一种女人对女人的挑战。可能的情况是，这种生动而拟真的揭露它在人为性的边缘游戏着，它游戏着，同时又圆满地挫败了女性气质的各个机制——这种揭露比某种"被异化在存在中"的女性气质的所有思想政治要求都更为冷静和彻底。这里说的是女性气质没有存在（没有本质、没有写作、没有特有的享受，正像弗洛伊德所说的，没有特有的里比多）。与任何寻求真正女性气质的行为相反、与女人的言语相反，这里我们要说女人什么都不是，而这正是女人的威力所在。

这个答案要比女权主义针对阉割所作的正面否定更为巧妙。因为阉割遇到一种宿命，不是解剖的宿命，而是象征的宿命，这种宿命压在每一个虚拟的性特性之上。颠覆这条法则必须基于戏仿解决法之上，基于女性气质符号的中心偏离，这是符号的重复，它能结束任何生物学或性别所不能解答的玄学——化妆并非他物，就是得意的戏仿，过分手段的解决法，通过对深层拟真（simulation en profondeur）的表面进行超级拟真（hypersimulation）的解决法。这种深层拟真就是阉割的象征法则（loi symbolique）本身——诱惑的性转移游戏。

这是对人为做法的讽刺——是化了妆的女人或妓女特有的威力所在，它加强了女性的特征，使之超出符号之外。而这种做法并不是从与真实对立的虚假出发，而是从比虚假更为虚假的东西出发，去体现性欲的顶峰，同时被吸收在拟真中。这也是对作为偶像或作为性对象的女人构成的特有讽刺，因为女人通过这个身份，在封闭的完美中结束性别的游戏，将男人这个性别现实的老爷和主人推向想象主体的透明性。这也是客体的讽刺性威力，而女人在主体的提升中将失去这个威力。

任何男性的威力都是生产的威力。任何自我生产的事物，即使是自我生产为女人的女人，都会落入男性威力的登记册。唯一不可抗拒的女性气质的威力，是诱惑的反向威力。这种威力自身什么都不是，自身什么也没有，它只有消减生产的威力。而且它总是消减生产的威力。

此外，是否曾经存在过一种阳物的权力呢？整部父系权力统治和大男子主义权威的历史，男子那古老特权的历史，也许仅仅是一部站着享受的历史。从原始社会开始，交换女人就被愚蠢地解释为客体妇女（femme-objet）的第一个阶段。有关这方面人们所谈论的一切，有关性别不平等的世界性话语，平等和革命的现代性主题，所有今日从失败的革命中获得能量而得以加强的东西——这一切都是一个巨大的反意义（contresens）。反向的假设倒是完全合乎常情的，而且从某种意义上说更有意思——即女性从来也未被人统治过：女性一直是统治别人的。女性恰巧不再作为性，而作为任意性别和任意权力的横向形式，作为非性欲的秘密而又刻毒的形式。还可以作为一种挑战，其危害如今在整个性特性广度上都能感觉到——这个挑战也是诱惑的挑战，它难道不是总以胜利者自居么？

在这个意义上，男性从来就是一种残余物，一种次要和脆弱的构成物，必须通过大量的防御工事、各种机构和人为招术来保卫它。阳物的堡垒事实上奉献了所有的堡垒符号，也就是虚弱的符号。它只能靠显性的性特性和性的目的性构成的城墙坚持下去，然而性则在繁衍生息或性享受中逐渐衰退。

人们可以作这样的假设，即女性是唯一的性别，而男性只有通过一种超人的力量从女性中挣脱出来。一瞬间的消遣之后，它又重新掉进女性之中。可能存在一种女性的最终特权，一种男性的最终残疾——人们看到一种十足的玩笑，即妄想"解放"其中一人，以便让他到达另一个人的"权力"的脆弱状态，到达这个总的来说偏离中心的、反常的、偏执狂的、令人疲劳的状态，这个状态就是男性。

与阳物寓言相反的性别寓言。在这个寓言中，女人通过减法从男人中产生出来——而在这里，倒是男人例外地产生于女人。这个寓言，贝特尔海姆①在《象征的伤害》一书中的分析对它作了印证：男人们建立他们的权力和权力机构，其目的就是对抗女人初始的而且更为高级的权力。形成原动力的倒不是阴茎的欲望，相反是男人相对于女人的孕育权力而产生的嫉妒。女人的这一特权是无法补偿的，必须不惜代价发明一个不同的秩序，一个男性的社会、政治和经济秩序，使这个自然特权能够得到抑制。在礼仪的范畴中，对相反性别的符号进行占有的做法大都是男性所为：皮肤划痕，

---

① 贝特尔海姆(Bruno Bettelheim，1903—1990)，奥地利裔美国儿童心理学家和精神分析学家。作品有《经验与教育》、《空洞的城池》、《梦想的儿童》、《生活的越狱者》、《童话精神分析》、《弗洛伊德与人类心灵》、《生命的重量》、《阅读与儿童》、《有意识的心》等。

肢体切除，人工阴道术，拟娩习俗等。

所有这一切都与一种悖论的假设同样令人信服（这个假设总是比成见性假设更为有趣），但归根结底，这个假设只是颠倒了一下词语，相当于将女性变成一种初级物质，变成一种人类学的基础结构。它将重新构建一种解剖学的反向限定，并让这个限定以命运形式继续存在——而"女性气质讽刺"中的一切再次荡然无存。

当女性被设置成性别时，讽刺便消失了，尤其是当这样做是为了揭示其压迫的时候。启蒙时期人道主义的永恒诱饵，其目的在于解放农奴的性别，解放农奴的种族，在农奴的奴役词语中解放农奴阶级。但愿女性成为一个完完全全的性别吧！如果女性问题既不能以性别的词语提出，也不能以权力的词语提出，那就是十足的荒唐。

女性恰巧既不是秩序的东西，也不是等价物的东西，更不是有价值的东西：它是权力中无法解决的东西。它甚至不是颠覆性的东西，而是可逆转的东西。相反，权力在女性逆转中倒是可以解决的。如果说在"事件"中，在世纪的长河中，我们无法决定是男性还是女性统治着对方（女性压迫的论点再次建立在阳物权威的漫画式神话之上），相反，在性特性方面，逆转的形式战胜线性的形式是显而易见的事。被排斥的形式悄悄地战胜了主导的形式。诱惑的形式战胜了生产的形式。

女性气质在这个意义上与疯狂处于同一方面。正是因为疯狂悄悄地占了上风，它才应该被标准化（在诸多因素中，多亏了无意识的假设）。正是因为女性气质悄悄地占了上风，它才应该被再次利用和标准化（尤其是在性解放中）。

还有在性享受中。

人们通常提出一些对妇女的压迫特征，其中之一就是对性享受的掠夺，即她们缺乏性享受。明显的不公，所有人都必须着手立刻进行弥补，根据一种长跑运动或性拉力赛的规则图表进行。性享受获得了一种正当要求和基本权利的外表。它是人权的新生儿，达到一种绝对紧迫的需要的尊严地位。违背这个人权是最不道德的。然而它并没有康德那种无限目的性的魅力，它以性欲管理或性欲自主管理的形式强加于人，而谁都不能推托不知道，正像对待法律那样。

这就是不知道性享受也是可逆转的，也就是说在性享受的缺席或否定中可以有一种高级的强度。甚至就在这里，当性目的重新变得很偶然时，会出现某种被称作诱惑或快感的东西。或进一步说，性享受只能是另一种更激烈、更痴情的游戏的借口——在《感官世界》①中就是如此，其中的关键是通过性享受设法到达并超出性享受的顶点——这是高于纯性欲操作的挑战，因为其逻辑确实让人头晕目眩，因为挑战是一种激情，而性欲只是一种冲动。

然而这种眩晕也可以在对性享受的拒绝中起作用。谁知道，也许妇女们根本没有被"掠夺"，她们时时刻刻都在得意地玩弄性保护区的权利，也就是说从她们的非性享受的深处发起一个挑战，或挑战男人的性享受，藐视它就是这个样子。谁也不知道这种挑衅能够达到何等的破坏程度，也不知道自己的挑衅究竟是何种超级力量。男人从来就没有从中解脱过，他被迫独自享受，自我封闭在快感与征服的总和中。

谁在这场多种策略的游戏中获胜了呢？从表面看，男人占据着整条战线。但无法肯定他是否会在这个阵地上失败，陷入泥潭。就像在夺取权力的阵地上那样，在一种向前的逃遁中，任何积累、任何算计都无法保证他的拯救，也不能消除他因抓不住东西而产生的隐隐失望。必须让这一切停止，

---

① 《感官世界》（*L'Empire des sens*），日本导演大岛渚1976年拍摄的同名电影。影片故事根据1963年一则轰动日本的桃色新闻改编。——译注。

要让女人们享受快感。人们将采取措施解放她们,让她们享受快感——结束这个令人难以忍受的挑战,而在这个挑战中,性享受最终会消失在非性享受的可能策略中。因为性享受没有策略:它仅仅是正在寻找自身结果的一种能量。因此它比任何一种策略都要低下,策略会把性享受当作物资来使用,而把性欲本身当作战术要素。这是十八世纪放纵式性行为的中心主题,从拉克洛①到卡萨诺瓦②,再到萨德③(包括克尔凯郭尔④在《诱惑者日记》中的观点),他们认为,随着人权概念和心理学的出现,在被揭示的性别真理中,在性行为还未受到损害前,它还是一种仪式(cérémonial),一种礼仪,一种策略。

现在到来的正是避孕丸和指定享受的时代。

---

① 拉克洛(Choderlos Laclos,1741—1803),法国作家与军事家,著有《危险的关系》等。
② 卡萨诺瓦(Giacomo Girolamo Casanova,1725—1798),威尼斯冒险家,因其超凡的诱惑力而著称。
③ 萨德(François Sade,1740—1814),法国色情作家,号称"被诅咒的作家"。其作品是启蒙时期自然主义与自由主义哲学的双重阐述。《小客厅里的哲学》中以色情描写来对抗社会。
④ 克尔凯郭尔(Sören Aabye Kierkegaard,1813—1855),丹麦哲学家和神学家。他维护基督教,反对黑格尔的理想主义。作品有《诱惑者日记》、《哲学碎片》、《论焦虑概念》、《一段激情史》、《爱情行为》、《论绝望》等。

性保护区权利的结束。必须让妇女们知道，人们剥夺了她们某样至关重要的东西，因为她们通过许多"失控"行为的幽灵，使劲地抵抗着避孕丸的"理性"使用。同样有整代整代的人在抵抗学校、抵抗医学、抵抗社会保险、抵抗劳动。还有同样深深的直觉，人们感到自由被践踏，话语被歪曲，无拘束的性享受遭到破坏：挑战，另样的挑战已经不再可能，任何象征的逻辑都被消灭，这有利于对阴茎持久勃起的要挟（还不算性享受率本身的倾向性降低）。

"传统"的妇女既不受压抑，也不被禁止性享受：她完完全全地处于其地位上，丝毫没有被征服，一点也不被动，并非梦想着她未来的"解放"。只有那些美好的灵魂，才能以回顾的方式看到所有时代中被异化、然后又被从性欲中解放出来的女人。而在这种视角中，有一种深深的蔑视，与看待所谓的"被异化"的大众的视觉相同。人们设想，被异化的大众从来也没有能力成为别的东西，只能是一群被神秘化的牲口。

我们很容易建立一张各种年龄段被异化妇女的图表，并在革命和精神分析学的庇护下，在今天向妇女打开所有欲望的大门。这一切如此简单，这简单中又如此淫秽——还有更糟的，就是性别歧视和种族歧视的表达方式本身：怜悯。

幸好，女性从来就不具有怜悯的形象。它一直有其特有的策略，一种从不间断和永远胜利的挑战策略（挑战的一种重要形式就是诱惑）。用不着为女性所遭受的不公而哭泣，用不着去弥补这种不公，用不着扮演弱势性别的裁判官，用不着把一切都悬空在解放与欲望的抵押上。因为解放与欲望的秘密在二十世纪终将真相大白。所有游戏总是整盘整局地进行，在历史的每个时刻，都有它该出的所有纸牌和王牌。而男人们并没有赢牌，一点都没赢。也许现在是女人们在输牌，在性享受的招牌下输牌——不过这是另外一回事。

正是某种文化中女性的现代历史产生一切，让人谈论一切，让人享受一切、高谈阔论一切。女性被提升到一个完整性别的地位（平等的权利、平等的性享受），提升到价值的地位，削弱着作为不确定原则的女性。整个性解放就处在这种强加权利、强加地位和女性的性享受的策略中。这是作为性的女性的过度展示和舞台演出，也是作为性的众多证据的享受的过分展示。

黄色淫秽（porno）则明确地说明了这一点。

它是裂口、享受和能指衍生①的三部曲,黄色淫秽仅仅是一个享受型女性的激烈提升,以便埋葬笼罩在"黑色大陆"上的不确定性。黑格尔所说的"群体的永久性讽刺"已经结束。从此以后,妇女将尽情享受,并且知道为什么。任何女性气质将变得清晰可见——性享受的象征女人,性欲的象征享受。不再有不确定性,不再有秘密。这是正在开始的根本淫秽。

帕索里尼②的《索多玛120天》——诱惑的真正黄昏:其中任何的可逆性(réversibilité)都根据一种冷

---

① 能指衍生(signifiance)是符号学中的一个概念。皮尔士认为,在符号本身与每个人使用的符号之间存在着极大的差别,因此可以将符号分为典型符号和随机符号,相当于语言学中语言与言语的区别。在句子中,随机符号将经受内部的改变,它可以与某些符号结合,而不与另一些符号结合,而且这种结合的性质也是不尽相同的。符号的这种特性可称之为能指衍生。克里斯特娃则认为,文本"将语言变成一种工作",在自然交流的表层语言和能指实践的深层义场之间开辟了一种差距,"这种在语言中进行的区别、分层和对立工作,说话主体建立具有语法结构的交流能指链的工作,我们称之为能指衍生。"能指体系的发生过程不是单一的,它是多数的、不同的、直到无穷无尽,这是一个动态的工作,是生产和自毁的开放空间中的胚芽的集中。这是一个"不同的无限性,其无限的结合性永远没有边界"。——见杜克罗、托多罗夫《语言科学词典》第138页及445页。

② 皮埃尔·保罗·帕索里尼(Pier Paulo Pasolini,1922—1975),意大利诗人、小说家、电影剧作家,"后现实主义时代"的电影导演。主要作品有《萨罗,又名索多玛120天》、《生活的年轻人》、《激情的生活》、《乞丐》、《定理》等。

酷的逻辑加以废除。里面的一切都不可逆转地是男性和死亡的东西。甚至连刑罚中刽子手与受害者的同谋，他们的杂乱状态也已经消失：这是一种非激活的刑罚，一种无情感的犯罪，一种冷酷的诡计（人们从中发现，性享受确实是身体的工业用益权，处于任何诱惑的对立面：性享受是一种提取物，是身体这个机器设备的技术性产品，是快感的后勤产品，它直达目的地，但只能找到死亡的物品）。

电影阐明了这个真理，即在一个男性占统治地位的体系中，在任何主导的体系（由此变成了男性主导体系）中，是女性气质体现了可逆性，体现了游戏和象征影响的可能性。《萨罗》就是这个清除了最小诱惑的世界。诱惑不仅成为性别的赌注，而且成为任何关系的赌注，包括死亡和死亡交换的赌注（这在《萨罗》中和萨德的其他作品中都一样，通过鸡奸的霸权作了表达）。正是在这里出现了这种情况，即女性并不是与另一性别相对的一个性别，而是法定地和全权地参照这个性别的东西，它参照着掌握性别垄断权的性别：即男性，困扰人的某个另样事物，其性别仅仅是个祛魅的形式：即诱惑。诱惑是一种游戏，而性别则是一个功能。诱惑属于礼仪（le rituel）的范畴，性别和性欲属于自然的范畴。女性和男性互相对抗的东西，就是这两种根本的形式,而不是某种生物学的差别,或权力的自然竞争。

女性并不仅仅是诱惑,也是向作为性别的男性发起的挑战,是对承担性别垄断和享受垄断的男性的挑战,是走到霸权尽头、将霸权使用到死的挑战。正是在这个挑战的压力下,在我们文化中整个性别历史持续的压力下,阳物权威如今因不能得到提升而彻底跨台。或许我们对性欲的整个观念也会同时坍塌,因为这个观念构建在阳物功能和性别的积极定义周围。任何积极形式都与它的消极形式非常匹配,然而却面临可逆转(réversibilité)形式的致命挑战。任何结构都与倒置或颠覆非常匹配,但与极点的逆转水火不容。这种逆转的形式就是诱惑的形式。

它不是这种诱惑,即妇女们在历史上可能是被搁置物,是聚集做活的文化,是脂粉和花边,是经过镜子和女人想象的阶段检验过的诱惑,是游戏和性诡计的场地(这里再次显示,在所有其他礼仪,包括礼貌的礼仪消失后,还会保留一种礼仪,那就是西方文化中身体的礼仪)。它应该是作为讽刺形式和交替形式的诱惑,这个形式会打破性别的参照物,即一个空间。这不是欲望的空间,而是游戏和挑战的空间。

这便是在诱惑的平庸游戏中隐现出来的东西：我转身躲开，你将不能让我享受快感，而是我让你做游戏，把你的性享受盗走。这是个变动着的游戏，若假设这仅仅是个性别的策略那就大错特错了。它更像是一个移动策略（se-ducere：带向远处，将它引向歧途），是面对性别真理的迂回：游戏不是享受快感。这里存在一种诱惑的最高权威，它是一种激情，一种符号秩序的游戏，而从长期来看，这种激情将占据优势，因为这是一个可逆转和不确定的秩序。

诱惑的威信要比享受的基督式安慰高级许多。人们想让我们把享受作为一种自然的目的——许多人因为达不到这个目的而发疯。但爱情与冲动没有任何关系，除非是在我们文化的里比多设计中——爱情是一种挑战，是一个赌注：是对他人反馈爱情的挑战——被人诱惑，就是藐视他人被诱惑（任何论据也没有这般微妙，即指责一位妇女不能够被人诱惑）。从这方面看，性倒错具有另外一种意义：那就是假装被人诱惑，但并没有被人诱惑，而且也不可能被人诱惑。

诱惑的法则首先是一个不间断的礼仪交换的法则，是竞价的法则。在这场拍卖中，谁在诱惑、谁被诱惑的游戏从来就没有进行过。道理是那根定义某人胜利、另一人失败的分界线无法阅读——而且这种挑战没有限度,这是对他人更加被人诱惑的蔑视,或对爱别人甚于我爱他人的蔑视,除非是死亡。而性意识则有一种临近和平庸的目的:即性享受,欲望得以实现的即时形式。

鲁斯当①在《多么致命的命运》(第142—143页)中说:

> 我们在分析中可以看到,一个男人开始听到女人的性享受要求时,他将面临怎样的危险。如果一个女人在性欲驱使下,破坏了男人不得不将性欲关闭在内的永恒性;如果她自己变成了即时的和无限制的要求;如果她支持不住,并且不再坚持,男人将被陷入潜自杀(subsuicidaire)的状态。一个不忍受任何膨胀和任何托词的要求,一个在强度和时间上无限度的要求,将摧毁由女人代表的绝对物,摧毁女性的性欲,甚至摧毁女性的享受……女性的性享受总是可以再次被神圣化,而这样一个女人,即男人与之相

---

① 鲁斯当(François Roustang, 1923—),法国精神分析学家,精神病医生和哲学家。早年为巴黎弗洛伊德学派成员。作品有《多么致命的命运》、《什么是催眠状态》、《只需一个动作》等。

联又无法摆脱的女人,她对性享受的要求将在男人身上引起标识性的丧失,引起纯属偶然的感觉……当整个欲望进入要求时,那就是颠倒的世界,就是爆发。这也许就是这种状况的理由所在,即我们的文化教导妇女们不得要求任何东西,以便训练她们不要希望任何东西。

一个"整个进入要求的欲望"究竟是什么?它是否还是女人的"欲望"?其中是否有一种疯狂的特有形式?而这与一种"解放"活动相去甚远。这种新型的、女性的外形是什么?即无限制的性欲请求和性享受的无限制要求究竟是什么?这实际上就是限定点,我们的整个文化将在这里坠入深渊——鲁斯当说得有道理,我们的文化涵盖了一种潜自杀的集体暴力的形式——但这不仅仅针对男人,对女人来说也是如此,对普通的性观念也是如此。

对只喜欢女人的他们和她们,对只喜欢男人的他们和她们,对只喜欢孩子(还有老人,虐待狂,受虐色情狂,小狗小猫)的他们和她们,我们要说不。新的战士,既细腻又以自我为中心的战士,他要求其性别歧视的权利,要求保持其性别的特色。但是我们要对任何的宗派主义说不。如果需要厌恶女人才能成为男同性恋者,如果需要患恐男性症才能成为女同性恋者……如果需要拒绝夜晚的快乐、不期的邂逅、偶然的艳遇才能防备强奸事件,这就等于将反对某些禁忌的活动引向斗争的名义,即反对其他的禁忌,其他的伦理主义,其他的标准,其他的奴隶式偏见。

我们在自己的身体中感受到的不是一个性别,不是两个性别,而是许多的性别。我们看不到男人,也看不到女人,而只看到人类生灵,具有人类形态的生灵(!)……我们已经被自己的身体弄得疲惫不堪,厌倦了那些刻板的文化堡垒,厌倦了那些生理的隔离……我们既是雄性又是雌性,既是成人又是儿童,既是男同性恋又是女同性恋,既是鸡奸者又是纵欲男女,既是鸡奸者又是被鸡奸者。我们不接受将丰富的性别文化缩减为一个性别。我们的女同性恋仅仅是性生活的一个小小方面。我们拒绝将自己局限在社会所要求我们的东西之内,即充当异性恋者、女同性恋者、男同性恋者,即成为广告产品系列中的角色。我们将在自己的欲望中蛮横无理。

(《解放日报》,1978 年 7 月)
尤迪特·贝拉多娜,巴尔巴拉·宠通

这是无限制的性练习的疯狂，是欲望在要求和享受中的过度分配——这其中难道没有鲁斯当所说的那种颠倒吗？如果说时至今日，人们灌输女人们什么都别要，以训练她们什么都不想要，那么现在不正是在教导她们为了达到什么都不要的境界，应该什么都要么？整个黑色大陆不是都被性享受解码了么？

男性也许更接近于法则，女性气质则更接近于享受。但是享受本身不就是一个被解码的性别世界的公理体系吗——通过法则的慢性疲乏产生的女性参照系和解放性参照系。享受就是法则疲乏的形式，而法则在充当了禁令之后又成为享受的指令。反向拟真的结果如下：只有当享受声称或自愿成为自主的东西时，只有在此时，享受才真正成为法则的结果。或者法则崩溃，而在法则坍塌的地方，享受将以新契约的面貌粉墨登场。这又何妨！什么都没有改变，而符号的颠倒仅仅是策略的一个结果。这就是现代逆转的意义，这就是女性和享受这个孪生特权的意义，这种享受建立在从前主导性别理性的男性和禁忌之上。女性的激奋是一个完美的史无前例的推广工具，是一个完美的得到性别理性指导的扩展工具。

这是一个意外的命运，它突然打破了所有欲

望的幻想,否定了所有解放的合法性。马尔库塞①说:

> 父权体制中表现为男性价值的女性反命题的东西,真正构成了一种被压制的社会和历史的交替方法,即社会主义的交替方法……结束父权社会,这恰恰是要否定给作为女人的女人分配一些特有品质,也就是说要让这些品质在社会生活的各行各业中充分发展,在劳动中和娱乐中都一样。妇女的解放将一下了变成男人的解放……
>
> (《今日事件》,伽利略出版社,1976年,33页。)

假设一位被解放了的女性,被用来服务于一个新的集体性爱(对死亡的冲动来说是同样的操作——对新的社会性爱的遏制也是同样的辩证法)。但如果女性远远不是特有品质的一个整体(在压抑中也许曾经是这样,只是在压抑中),而

---

① 马尔库塞(Herbert Marcuse,1898—1979),德裔美国哲学家,现代西方马克思主义哲学家和社会理论学家,法兰克福学派代表人物之一。作品有《德国小说家》、《历史唯物主义基础》、《劳动概念》、《反抗自由主义的斗争》、《理性与革命》、《爱欲与文明》、《苏维埃的马克思主义》、《单向度的人》、《论解放》等。

且女性一旦被"解放",却揭示出它仅仅是色情的不确定性的一种表达,是特有品质的丢失的一种表达,这在社会范畴内和性别范畴内都是同样状况,那将会发生怎样的事情呢?

在诱惑中曾经存在一种对女性的强大讽刺。如今还有一个同样强大的讽刺存在于女性的不确定性中,存在于这种模糊性中。女性的模糊性使它作为主体的提升伴随着一种客体地位再次爆发,也就是说伴随着一种普及的黄色淫秽。奇特的巧合,以解放者自居的女权主义确实想一决雌雄,但她就失败在这上面。在这件事上已经没有希望,因为正是在其绝对的模糊性中,这个女性的解放才具有意义。即使是鲁斯当的文章,虽然它倾向于褒奖女性要求的高涨,却不能不让人预感到一场灾难,即女人从整个欲望走进要求的过渡所构成的灾难。除非把这种要求在男人身上激发的潜自杀状态看作一个决定性的论据,否则没有任何东西可以将这种要求的残酷性,将女性享受和过去打击它的整个禁忌区分开来。

这种模糊性也能在男性及其衰落中找到。女性"解放"的主体在男人身上所引发的恐惧,与男人在"异化"的女性器官的淫秽裂口面前的脆弱性相当,与女性性对象的脆弱性相当。不管是女人因"觉悟到自身性欲的合理性"而要求享受性快感,还是她在完全卖淫的状态中给他人提供性快感——不论女性是主体还是客体，被解放的还是卖淫的、在女性以性别总和而自我推出的地方，那就是张开大口的贪婪，就是贪欲。如果说整个黄色淫秽都围绕着女性的性器而展开，这决不是偶然的事情。原因是男性勃起从来也不那么肯定（在黄色淫秽中没有性无能的场面：这种场面不断得到女性供给的幻觉的协助）。在出现问题的性行为中，因为它被催促去经受考验，而且要不停地表现，所以标示为男性的位置就显得非常脆弱。而女人的性器则与它自身等同：处在它自己的可支配性中，处于张开的开口中，处于性的零度。女性的这种继续性，与男性的断续性相对，在享受的组织表现层面上，在性的无限性层面上，它足以保证女性具有最终的优势，这个优势已经成为我们幻觉的维度。

性解放如同生产力解放一样，在潜能方面是无穷无尽的。它要求一个业已实现的丰富性，一个"性富足社会"。它不能够容忍性财富的稀少，就像不能缺少物质财富一样。然而这种空想的继续性和可支配性，也只有女性的性器能够体现它们。这就是为什么这个社会中的一切都将女性化，按女性方式将一切性征化，如物品、财富、服务、各类关系等——在广告中，其效果并非要往洗衣机里加进性（这会很荒唐），而是要赋予物品一种想象的女性品质，即可以随意使用，从不收缩回去，从不随机无常。

正是在这种令人惊呆的单调中，黄色性行为昏昏欲睡，男人们无论松弛无力或性器挺拔，都只能起着微不足道的作用。坚硬的内核（hard core）也没能改变其中任何东西：男性不再引起兴趣，因为它已被确定得过分精确，标记得过分明显——经典的能指性阳物——由此也就更为脆弱。迷惑更多产生于中性的那一面，产生于不确定的开口处，来自于一种运动着的和模糊的性欲。这是女性在饱受了数百年的性压抑和性冷淡后进行的历史性报复吗？也许吧，但是更加肯定的是：这是对性标记的弱化，即使是男性的历史性标记亦然。男性的性标记在过去曾经提供了所有的模式，如勃起性模式，直立性模式，上升模式，增长模式，生产模式等。时至今日，它已经消失在所有这些主题的萦绕性拟真中——或消失在女性的拟真中，即迷失在诱惑中时时体现的拟真中。如今，在性别符号经过机械性物化之后，占据优势的是体现脆弱性的男性和作为零度的女性。

我们确实处于一种强奸和暴力的特殊性别状况中——这种暴力针对"潜自杀"的男性，是由放开后的女性享受引起的暴力。虽然历史上男性权威对女性施行了暴力，但是这里并不是对这种暴力的颠覆。这是一种压制性暴力，抑郁的暴力，极点崩塌的暴力，标记的极点在非标记的极点突然出现时完全崩塌。这不是一种圆满和普通的暴力，而是一种威慑的暴力，中性的暴力，零度的暴力。

黄色淫秽也是这样：中性化的性暴力。

立体的黄色淫秽

"请把我带进你的房间,亲吻我吧。"

"在你的字眼里有一种难以定义的东西,让人想入非非。"

菲利浦·K·迪克①,《我们能建造你》

"Turning everything into reality."

——吉米·克利夫②

逼真的假象(trompe-l'œil)能消除真实空间的一个维度,这就是构成诱惑的东西。黄色淫秽则

---

① 菲利浦·K·迪克(Philip K. Dick, 1928—1982),美国科幻小说作家。其作品反映出某种政治的维度。作品有《天上的眼睛》、《我们能建造你》(*We can build you*, 法语译本为《狂人舞会》: *Le Bal des schizos*)、《三道圣痕》、《高堡里的人》等。

② 吉米·克利夫(Jimmy Cliff, 1948—),原名 James Chambers,牙买加著名歌手。上述英语引文意为"把一切事物变为现实"。

相反，它给性别空间补充一个维度，使该空间比真实的空间更加真实——这就是构成诱惑缺席的东西。

无需去探寻是什么幻觉困扰着黄色淫秽（拜物教者，倒错者，原风景），因为这些幻觉被过多的"真实"所阻挡着。此外，黄色淫秽也许就是一种讽喻，即对符号的一种塑造，是对涉及"粗俗物"的超值意义的怪异操办（从字面上看，花园的"粗俗"艺术增添了岩石的本质，正像黄色淫秽增添了某种解剖式细节的美丽风景）。

诲淫本身燃烧和消耗着它的客体。这就是非常靠近地看，人们能从中看到从未见过的东西——你的性，你从来没有见过它怎样发挥作用，既没有近距离看过，也没有从总体上看过，对你来说幸好如此。这一切都太真实了，也太近了，因而反倒不真实。这正是令人欣喜的东西，是现实的过量，是事物的超真实。黄色淫秽中唯一的关键是幻觉，如果有的话，将不是性的幻觉，而是真实的幻觉，被吸收在真实和超真实（hyperréel）以外事物中的幻觉。黄色淫秽的窥淫癖并不是对性的窥淫癖，而是对性的表现和消失的窥淫癖，是场景消失和诲淫物（obscène）涌入的一种眩晕症。

通过解剖学缩放的效果，真实的维度被废除，目光的距离让位于瞬间和激烈的表现：即性在纯净状态的表现，它既消除了任何的诱惑，甚至也消除了其形象的潜在性——性近在咫尺，与其自身的表现混为一体：前瞻性空间的结束，这也是想象和幻觉的前瞻性空间的结束——场景的结束，幻想的结束。

然而，淫秽本身并不是黄色淫秽。传统的淫秽还有一点性的内容，即冒犯、挑逗和倒错的内容。它在压抑上进行游戏，带着某种特有的幻觉暴力。这种淫秽将随着性解放而烟消云散：马尔库塞所说的"抑制性反升华"就是通过这里而实现（即使发泄的神秘性胜利还没有进入风俗，它也会像过去压抑的胜利那样，是完全彻底的胜利）。新的淫秽，就像新的哲学，从旧的淫秽的死亡场地上站立起来，而且佩戴了新的意义。它并不玩弄粗暴的性，不玩弄性的真正赌注，而是玩弄被宽容中和了的性。性得到太多过分的"归还"，但这是某种被窃之物的归还。黄色淫秽是这种归还的人工合成（synthèse artificielle），是归还的节日，而不是庆典。这是某种新的东西，某种回溯的东西，你怎么想都可以，就像一个用叶绿素效应替代已故大自然的绿色空间，因此，这空间具有与黄色淫秽一样的淫秽性质。

现代的非真实性（irréalité）已经不再属于想象的范畴，它属于更多参照的范畴，属于更多真理和更多精确性的范畴——它旨在将一切都过渡到真实的绝对明朗之中。犹如在超真实主义绘画中,你可以分辨出一张脸上的皮肤颗粒,真是不同寻常的微观视觉,它甚至不再有令人担忧的怪异。超真实主义(hyperréalisme)不是超现实主义(surréalisme),这是一种通过高可见度而去捕捉诱惑的视觉。人家"给你过多的东西"。电影或电视中的色彩确实是这样:人们给你那么多东西:颜色、立体感、高保真的性,还有低音和高音(生活对吧!),你没有任何可添加的东西,也就是说没有任何可交换的东西。绝对的压制:多给你一点东西,人家就把你的一切摆平。小心提防那种你从来没有付出、却完好"归还"给你的东西。

令人惊恐的记忆,监狱和诲淫的记忆,日本式四声道的记忆:条件非常理想的大厅,神奇的技术,四维的音乐,不仅有环境空间的三维,还有内脏的第四维,即内部的空间——还有完美地还原音乐的技术狂热(巴赫、蒙特威尔第、莫扎特!),这种音乐从未存在过,谁也没有这样听到过,这种音乐也不是这么听的。此外,人们也"听不到"这种音乐,而是另外的东西,那个让人听到音乐的距离,即音乐厅或什么地方的距离,它已经被废除,人们处于四面被围的状态,再也没有音乐空间,这是一种总体的气氛拟真(simulation d'ambiance totale），它剥夺了你任何细微的分析性感知，而这种感知本该是音乐的魅力所在。日本人只是将真实与尽可能多的维度混合起来，而且是诚心诚意这么做。如果他们能做成八声道音乐，他们也会做的。然而，他们添加到音乐里的这个第四维度，也正是阉割你的任何音乐享受的那个维度。还有另外的东西让你着迷（但这已经不是诱惑）：技术的完美，即"高保真"技术，它与第四维度一样缠人和严格，还有夫妻关系。但是这一次，我们不知道它对什么对象忠诚，因为谁也不知道真实从哪儿开始，又到哪儿结束，因此也不知道固执地复制真实的完美眩晕。

从这个意义上讲，技术正在自掘坟墓，因为就在它完善综合方法的同时，便提高了分析和定义的标准，以至于总体的忠诚，真实方面的彻底性就变得永远不可能了。真实将变成一个令人眩晕的精确性幻觉，逐渐消失在无穷小的事物之中。

例如，从逼真的假象（trompe-l'œil）的角度看，它省去了一个维度，"正常的"三维空间构成了一种衰变，一种因方法过量而形成的穷困化（一切真实的东西，或想要成为真实的东西，它就已经构成了这类衰变）。四声道音乐，超级立体技术（hyperstéréo），高保真技术，它们构成了一种终极性的衰变。

黄色淫秽就是四声道的性。它给性行为添加上第三或第四道音轨。这里主宰一切的是细节的幻觉——科学已经让我们习惯于这种微观视觉，习惯于这种处于微观细节中的真实过量（excès de réel），习惯于这种对于精确度的窥视癖，去窥视细胞中那不可见结构的特写镜头，也让我们习惯于一个赤裸裸的真理，这个真理不再以外表的游戏来衡量自己，只有用一种高度精密的技术仪器才能揭示它。秘密的结束。

在它那作假的视觉中，黄色淫秽又能做出别的什么呢？它也只能向我们揭示性别那无情而又微观的真相。它与某种形而上学完全一致，只能依靠一种隐藏真相和揭示真相的幻觉生活着，依靠一种"压抑"能量和生产能量的幻觉生活着——在现实的诲淫场景中。这就出现了厘清问题的思想僵局：人们应该查禁黄色淫秽还是选择温和的压抑？无解之题。因为黄色淫秽有其道理：它属于对现实的破坏，属于现实的荒唐幻觉和现实的客观"解放"。如果不愿意将性从它的原始功能中"解放"出来，我们就不能解放生产力：二者都是诲淫的行为。性的现实性腐败，劳动的生产性腐败——同样的病兆，同样的斗争。

流水线上工人的等同物，就是日本的阴道表演剧，它比任何脱衣舞还要离奇：姑娘们将大腿叉开架在表演台的边缘上，日本的劳动者身穿衬衣（这是一种大众表演），可以将他们的鼻子和眼睛埋到姑娘的阴道里，以便看得更加清楚——看什么呢？——他们争先恐后地向前挤。此外，在整个这段时间内，姑娘要么和颜悦色地与他们说话，要么假惺惺地把他们推开。表演的其余部分，如鞭笞、相互手淫、传统的脱衣等，都隐没在这个绝对诲淫的时刻后面，隐没在这种目光的贪婪时刻后面，视觉远远超越了对性的占有。极品的黄色淫秽：如有可能的话，这些家伙会把整个身子钻进姑娘的体内——死亡的亢奋？也许是。但同时，他们又开始对各自看到的阴道评头品足，轮番比较，这么做时却从不嬉笑，更不哄堂大笑，其神情死一般的严肃，也从来不想用手去碰，除非是游戏的时候。没有任何淫荡的感觉：一个极其严肃而又孩童般的行为，一种对女性器官的镜像的绝对着迷，犹如那喀索斯面对自己的倒影。黄色淫秽远远超越脱衣舞那常规的理想主义（也许其中就存在某种诱惑），达到升华物的边缘，它颠倒在一种净化的诲淫中，深化在内腔的领地中——为什么要停留在裸体和生殖器阶段？倘若诲淫属于表现的范畴，而不属于性的范畴，那它就应该探索身体的内部和各种内脏——对视觉分割的深度享受，对黏膜和光滑肌肉的深度享受，谁知道会达到何种程度？我们现在的黄色淫秽还只有一个狭义的定义。诲淫将有一个无量的前途。

不过请注意,这里并不意味着冲动的深化,而是一种现实主义的狂欢和生产的狂欢。要让所有事物出庭的疯狂(这也许就是一种冲动,它代替了所有其他的冲动),将所有事物带进符号法庭的疯狂。但愿一切事物在符号的照耀下变得一清二楚,在一种视觉能量的光芒下还其本来面目。但愿每个言语都得到解放,愿每个言语都奔向欲望。我们沉溺于这种解放,而这种解放仅仅是诲淫泛滥的一个进程。所有隐藏着的东西,所有还享受着禁忌的东西将被挖掘出来,回归到言语中,回归到光天化日之下。现实将逐渐扩大,现实将逐渐扩展,某一天,整个世界将变得真实无比,而当现实遍布全世界时,也就是死亡的时刻。

黄色淫秽的拟真(simulation porno):裸体从来就只是一个多加的符号。服装遮掩的裸体以秘密和多价参照物(référent)的形式在运转。一旦撩去遮羞物,它便以符号形式呈现出来,进入符号的流通:设计性裸体。 坚硬内核和蓝色淫秽也遵循同样的操作:性器官,无论是张大还是勃起,仅仅是超性欲(hypersexuel)的铠甲上多出的一个符号。设计性阳物。人们越是狂热地走向性的真实性，在没有遮羞物的情况下操作，就越是会投身于符号的积累，就越是会自我封闭在无穷无尽的超值意义中。这是一个不复存在的现实的超值意义，是一个从未存在过的身体的超值意义。我们整个的身体文化，包括对身体"欲望"的"表达"，包括其欲望的立体声，是一种骇人听闻的文化，是一种无可救药的诲淫。

黑格尔说："正如我们在谈论人体外表时所说的那样，相对于动物世界的表皮而言，人类身体的表皮揭示着心灵的存在和冲动，我们还说艺术的任务就是要做一个工作，使人体表皮所有点上的现象和表现都变成眼睛，承载心灵，成为精神上可见的东西。"因此永远没有裸体性，没有裸露的身体，而只是赤裸而已——只是没有身体而已。这就是那个印第安人在白人问他为什么裸体生活时所作的回答："在我们那里，一切都是面孔。"在一个非拜物教（并不把裸体性作为客观真理加以崇拜）的文化中，身体并不像在我们的文化中那样与面孔对立，被当作唯一具有丰富表现力、唯一善于观察的体位：身体就是面孔本身，它能观察你。身体并不诲淫，它生来就是光着被人看的。然而身体又不能光着被人看，就像我们的面孔。因为身体是一种象征的面纱，而非它物，正是这种面纱的游戏造就了诱惑。在这场游戏中,真正的身体,"作为原样的"身体将被废弃。诱惑就在游戏中进行,它从来不在隐现欲望或真理的名义下,在揭去面纱的过程中进行。

在外表的总体文化中身体与面孔无区别——在意义文化中(身体在意义中离奇地变得可见,变成一个称作欲望的魔鬼的符号)身体与面孔有区别——然后是黄色淫秽中诲淫的身体的彻底胜利,直至面孔的消失:在色情模特儿中,表演淫秽的演员都没有面孔,色情模特看不出漂亮或丑陋,是否有表情,这与色情表演并不相符。功能性裸体在性的唯一表演中抹去了一切。有些电影仅仅是交媾特写的内腔噪声:甚至连身体也消失了,散发在部分夸大的物体中。任何的面孔都是不合适的,因为它打破了诲淫性,重构了意义。在意义中,在对性的夸大中,在对裸体的眩晕中,一切旨在废除身体。

在面向身体(和身体的"欲望")的恐怖真相到达衰退的极点时,外表已经不再有秘密可言。外表的反升华文化:一切都在最为客观的种群中自我物化。这是极品的黄色淫秽文化,它在任何地方和任何时候都面向现实的操作。黄色淫秽文化就是这种具体物的意识形态,是虚假性、使用性、使用价值优先性、物品的物质基础、作为欲望的物质基础的身体等物的意识形态。单维的文化，其中一切都活跃在"生产的具体物"中，或活跃在快乐的具体物中——无限制的劳动或机械的交媾。这个世界的诲淫就在于没有任何东西留给外表，没有任何东西留给偶然。一切都是可见和必需的符号。这也是有性的布娃娃的诲淫，人们给它装上一个性器，能撒尿、能说话、有朝一日还能做爱。小女孩的反应是："我的小妹妹，她也知道做这事。你们就不能给我一个真的吗？"

从劳动话语到性别话语，从生产力话语到冲动话语，传送着与**生产**（pro-duction）一样的命令要求，即字面意义上的生产。生产最初接受的词义实际上不是制造的意思，而是使某物可见（visible）的意思，即让某物显现（apparaître）或出庭（comparaître）。性别被生产出来，正如人们生产一份文件那样，或者像谈论一位演员那样，说他自己生产自舞台上。

生产，就是强制性地将他性范畴的东西物质化，将秘密和诱惑范畴的东西物质化。诱惑在任何地方和任何时候都是与生产相对立的东西。诱惑从可见物范畴内抓取一点东西，生产将一切置于光天化日之下，不管是物品的生产，还是数字和概念的生产。

但愿一切都能生产出来,但愿一切都可以阅读,但愿一切突然发生在现实中,发生在可见物和表示效率的数字中,让一切都可改写为生产关系、概念体系或可推算的能量,但愿一切都能说出来,进行积累,清查盘点,统计数量:黄色淫秽中的性就是这样,而且从总体上讲,这更像是我们的整个文化事业。诲淫就是文化的自然条件:展示的文化,表演的文化,生产的恐怖文化。①

这里面从来就没有诱惑,黄色淫秽中也没有诱惑,因为这是性行为的即时生产,是快感那生猛的现实性。在这些被目光整体穿越的身体中没有任何诱惑,因为这个目光到处被透明的虚无吸引着——在生产的世界中也没有诱惑的影子,因为这个世界在可见和可推断的现象范畴内,由力量的透明原则充当主宰:物品、机器、性行为或国民生产总值。

无法解决的模糊性:黄色淫秽通过性终止了任何的诱惑,同时,它又通过性符号的积累结束了

---

① 这一句中的"展示"、"表演"、"恐怖"在法文中为"monstration"、"démonstration"、"monstruosité",还可以有"妖魔化"、"非妖魔化"、"妖魔性"的意思。此处为双关语的文字游戏。

性。胜利的戏仿和拟真的临终垂死：其模糊性就在这里。从这个意义上说，黄色淫秽是真实的：它就是性威慑体系中的那个黄色淫秽。人们通过幻觉对性进行威慑，通过超真实对真实进行威慑，通过强制的物化对身体进行威慑。

人们通常给黄色淫秽制造一个双重过程——即一个目的非常清楚的性操纵过程，这就是要缓和阶级斗争（总是那个古老的"神秘化意识"），还有一个性的商品腐化过程——真正的过程，极好的过程，一个既能脱离自然法又属于自然法的过程。因此，黄色淫秽要么掩盖资本与物质基础的真相，要么掩盖性与性欲的真相。然而黄色淫秽什么东西都不掩盖（这就是这么说的情况）——它并不是一个意识形态，也就是说它并不隐藏真理，它是一个拟像（simulacre），即起着隐藏真理的作用，它隐藏了真理不存在的事实。

黄色淫秽说：在某个地方应该有好的性，因为我是它的漫画像。在其粗俗的诲淫中存在一种企图，以便拯救性的真理，给衰落中的性模式恢复些许信誉。然而整个问题的症结就在于此：究竟有没有好的性？简单地说，在某个地方究竟有没有性存在？即存在一种对身体具有理想使用价值的性，一种具有享乐潜能的性，而且这种潜能是能够也应该"被解放"的。这也是对政治经济学提出的那个命题:作为资本的抽象和非人道的交换价值以外,是否存在一种价值的"好的"物质,存在一种对商品和社会关系的理想的使用价值?而且这个价值也是能够且应该"被解放"的。

诱惑与生产

事实上，黄色淫秽仅仅是性意识的反常边界。它是现实性的过正，是现实的怪癖性强迫症：诲淫（obscène）就是这个含义，从词源及其各种意义上看都是这样。但性意识本身不就是被迫的物化过程么？性别特征的来临不就是西方现实性的一个部分么？我们的文化具有一种特有的强迫症，它想对所有事物进行分体（instancier），使所有事物变成工具。

要在其他文化中将宗教、经济、政治、司法、甚至社会等活动与其他类别的幻景分开，这是很荒谬的事情，原因是这些幻景并没有在这些文化中出现，而且这些概念就像是性病，只有让文化感染上性病才能更好地"理解"它们。同样地，将性意识独立成为行为体，作为不可减缩的资料，甚至其他事物也得减缩为这种资料，这也是很荒谬的事情。必须对性的理性作一次批评，或建立起一个性理性的系谱,正如尼采建立过一个道德的系谱那样,这将是我们的新道德。我们可以像谈论死亡那样来谈论性欲:"它是一个皱褶,我们的意识习惯于这种皱褶,那还是不久前的事情。"①

在这些文化面前,我们处于不被理解的境地,处于模糊不清的同情状态。对这些文化来说,性行为本身并不是一个目标,性事没有这种致命的严肃性,没有需要释放的能量,没有强迫的射精,没有不惜代价的生产,没有身体的卫生兼容性。这些文化保留着诱惑与肉欲的长期过程,其中性生活只是众多服务项目之一,是一个奉献与回赠的长期程序,爱情行为仅仅是根据必然礼仪安排的这种相互性的可能极点。对我们来说,这是没有意义的,对我们来说,性意识在严格意义上变成了欲望在快乐中的实现——剩下的都是空话。这是性高潮功能的非凡结晶,广义地说,也是能量功能的非凡结晶。

我们属于一种早泄的文化。越来越常见的是,任何诱惑和诱惑方式都变成了一种高度礼仪化的过程,它消失在自然化的性的迫切需求后面,消失

---

① 法国作家安托南·阿尔托(Antonin Artaud,1896—1948)曾经说过,"人们之所以会死,不是因为应该死,人们要死,是因为死亡是一个皱褶,而就在不久前的某一天,我们的意识被强迫进入了这个皱褶。"这里是作者对这一皱褶的延伸思考。

在某个欲望的即时实现和迫切实现之后。我们的重心确实已经滑向里比多经济，它只让位于欲望的自然化。这个欲望注定要服从于冲动，即服从于机械性运转，尤其是要服从于压抑和解放的想象。

从此以后，话就不再这么说："你有一个灵魂，必须拯救它，"而要说：

"你有一个性，应该找到使用它的好方法。"

"你有一个无意识，必须让'本我'说话。"

"你有一个身体，应该让它享受。"

"你有一股里比多，应该消耗它。"

这种对流体（liquidité）、潮水、流通的规约，对心理流体、性流体和体液等加速流通的控制，就是对掌控商品价值的规约的精确翻版：必须让资本流通，不再有任何的固定点，要让投资和再投资链永不中断，价值要不停地增生——这就是今日价值的实现。而性特性，还有性模式，这只是价值在身体层面上的呈现方式。

作为模式的性别，它采纳了一种建立在自然能量之上的个人事业的形式：每人都有他的欲望，而强者优先（在性享受方面）。这是资本的呈现形式，正因为如此，性特性、性欲和性享受便成了次生的价值。当不久前这些价值出现时，在西方文化的视域中，它们就像是一个参考体系，就像一些没落和渣滓般的价值，是下层阶级的理想，先是布尔乔亚，然后是小布尔乔亚。这是相对于血统和承袭贵族的价值而言，相对于挑战和诱惑的价值，或相对于集体的、宗教的和祭献的价值而言。

此外，我们不断参照的这个身体并没有别的现实，而只有性欲和生产模式的现实。正是资本在同一运动中孕育着生产力的强劲身体，孕育着我们梦想作为欲望、无意识、心理能量和冲动之圣殿的身体，即初始过程所困扰的冲动身体——身体本身也变成了初始过程，由此而变成反身体，变成革命性的最终的参照性反身体。身体和反身体正是在压抑中同时自行生成，其表面的对立不过是一种加倍效应。重新发现身体秘密中一种"松开的"里比多能量，一种对抗与生产性身体相连的能量，重新发现欲望中身体的虚幻真相与冲动真相，这还是在挖掘资本的心理隐喻。

这就是欲望，这就是无意识：政治经济学的废渣，资本的心理隐喻。而性事司法则是一个理想的工具，它是私有财产司法的虚幻延续，给每个人指定了对某种资本的管理：心理资本、里比多资本、性欲资本、无意识资本等，每个人都得在自身解放的旗号下对自己负责。

对诱惑的难以置信的缩减。性特性，即欲望的革命将其变成现在这个样子的性特性，还有身体的生产和流通的这种方式，它还没有确切成为它应该成为的样子,性特性也只有在忘记任何形式的诱惑时,才能用"性关系"之类的用语来谈论自己——同样,社会性也只有在它失去了任何的象征物质时,才能用"关系"或"社会关系"之类的用语来谈论自己。

在性别以功能和自主行为体出现的地方,都是它清除了诱惑的地方。事至今日,在大多数情况下,性别只出现在缺乏的诱惑的场所和位置上,或作为失败的诱惑的废料和表演。因此,在性别上被幻觉化的正是诱惑的缺席形式——在欲望的形式下。正是在这个对诱惑过程的清除中,欲望的现代理论才能获得其力量。

从今以后,替代诱惑形式的是一种生产形式的程序,一种性别"经济"的程序:一种冲动的追溯,一种性能量储存的幻觉,一种记录压抑和欲望开启的无意识:所有这一切,还有总体的心理,都来自于独立的性别形式——正像从前那样,自然与经济曾经是独立化的生产形式的沉淀物。自然与欲望,二者都被理想化,在解放的渐进图式中相互接替,过去是生产力的解放,如今是身体与性的解放。

性意识的诞生,性言语的诞生,正像曾经有过临床医学、临床目光的诞生那样——那里从前曾经什么也没有,充其量有过一些不受控制、失去理智、不稳定或高度仪式化的形式。这种目光中也没有压抑，没有这个主题，我们用这个主题去衡量先前的所有社会，却并不用它衡量我们的社会：我们从技术角度指责它们是原始社会，同时也从性角度和心理角度彻底地谴责了这些社会，因为它们既不孕育性意识，也不孕育无意识。幸亏有了精神分析学，它为我们解除了这种抵押（hypothèque），说出了隐藏的东西，这是对真理的难以置信的种族歧视，对言语及其到来的福音式种族歧视。

我们所做的，就是只当性意识被压抑在它不能自行出现的地方，这是我们拯救性意识的方法。然而要谈论原始社会和封建社会中被压抑和升华的性欲，在这种情况下简单谈论"性欲"和无意识，不啻是一种莫大的愚蠢，甚至也无法肯定这就是打开我们社会大门的最佳钥匙。在这个基础上，在质疑性特性的假设本身的基础上，在质疑作为特别行为体的性欲的基础上，我们有可能与福柯所见略同，他说（并不出于同样原因）不存在压抑，在我们的文化中从来就没有过压抑。

人们给我们所说的性行为，正如它自说自话的那样，就像政治经济学，无疑是一种拼凑，是实践活动一直经历、挫败和超越的拟像（simulacre），就像任何体系一样。性别的人的一致性和透明性，比之经济的人的一致性和透明性，从未像今天这样如此强烈。

有一个长期的过程，它同时建立了心理意识和性意识，建立了"他性场景"（autre scène），幻觉与无意识的场景，该场景同时还产生一种能量——心理能量，它仅仅是压抑的场景幻觉的直接效应，是作为性物质的幻觉能量，它将根据不同的话题体和经济体逐步隐喻化和换喻化，并且遵循二次压抑、三次压抑的所有方式——精神分析学的杰作，尼采所说的世界深处的最美幻觉。这是能量与场景拟真模式的非凡效率——理论的非凡心理剧，这是精神现象的上演，这是作为行为体和不可超越的现实（因为其他人已经将生产实体化）的性别剧。此外，经济、生理或心理能从上演中获得益处，这又有何妨——是"这个场景"或是"那个场景"又有何妨？只有作为拟真模式的性行为（和精神分析学）的整个剧情，这才是要重新质疑的东西。

确实，在我们的文化中，性意识战胜了诱惑，并把它当作附庸和下属的形式。我们的工具性视觉已经整个地颠倒过来。因为在象征范畴内，位居首位的应该是诱惑，而性只是一个额外之物。性与分析疗法中的治愈一样，与列维-斯特劳斯叙述的分娩一样：它是额外到来的东西，没有因果关系——这就是"象征效率"的整个秘诀：对世界的操作来自于一种精神诱惑——于是庄子笔下的庖丁和他对牛的身体结构的领悟，使他能得心应手地描述这个结构，毫不损害刀刃的锋利：一种象征性解决法，它会额外地带来一种实用目的。

诱惑也通过这种象征连接的方式进行操作，通过与他物中结构的双重亲缘关系进行操作——性可以从诱惑中额外地产生出来，但也不是必然。诱惑更像是对性范畴存在本身的一种挑战。如果说我们的"解放"似乎颠覆了两个极点，并在诱惑范畴内形成一种胜利的挑战，那么很难说这种胜利不是表面的胜利。挑战与诱惑的礼仪逻辑要远远高于性与生产的经济逻辑，这才是整个问题的症结所在。

因为所有的解放和革命都是脆弱的，只有诱惑是不可抗拒的。正是诱惑在注视着这些运动——解放和革命在受诱惑后就会不由自主，受一个巨大的失败过程的驱使，偏离自身的真理——也还是诱惑在注视着这些运动，直至它们的胜利。于是，甚至连性话语也时时受到威胁，说出不是它想说的东西。

在一部美国电影中，有个男的追一个女孩，他小心翼翼地说了一些甜言蜜语。那女孩咄咄逼人地反驳说："What do you want? Do you want to jump me? Then, change your approach! Say: I want to jump you!"①那男的一副窘样说："Yes, I want to jump you。""Then, go fuck yourself!"②后来当他用车把她送回家时，他说："I make coffee, and then you can jump me。"③事实上，这种无耻的话语，声称是客观的、功能的、解剖的、不加任何区别的话语，它仅仅是一种游戏。以水印方式呈现的游戏、挑战和挑衅。其粗暴性本身就充满了爱意偏向和心照不宣。这是一种全新的诱惑方式。

或像另一个故事，出自迪克的《我们能建造你》：

"把我带到你的房间，然后吻我。"

"在你的字眼里有一种无法定义的东西，让人想入非非。"

我们也可以这么理解：你的建议让人无法接

---

① 英语："你想干什么? 想跟我睡觉吗? 那你就换种说法! 就说：我想跟你睡觉!"
② 英语："是的，我想跟你睡觉。""那你就操你自己吧!"
③ 英语："我去煮咖啡，然后你就可以跟我睡觉。"

受，它缺少性欲的诗意，太直截了当。但在另一个意义上，文本说的也许是相反的意思：这建议有一种"无法定义"的东西。正因为如此，它才打开了通向性欲的道路。直接的性诱导因为太直接，所以无法真实，这就一下指向了其他东西。

第一种理解法哀叹这种话语的诲淫。第二种理解法更为微妙：它善于显示诲淫的迂回方法，诲淫就像是诱惑性装饰，像是对欲望的"无法定义"的暗示，一种因过分唐突而无法真实的诲淫，因过分粗野而只能坦率的诲淫——作为挑战的诲淫，因而再次成为诱惑。

因为说到底，纯粹的性要求、性的纯粹陈述都是不可能的。人们无法摆脱诱惑，而抗诱惑话语将是诱惑话语的最终变形。

性要求的纯粹话语，相对于情感关系的复杂性而言，这不仅是一种荒诞之物——说穿了这种话语并不存在。这是相信性现实的诱饵，相信不用其他形式便可以谈论性，也是相信透明性的任何话语的诱饵——也是功能话语的诱饵，科学话语的诱饵，任何真理话语的诱饵：这种话语幸亏时时被侵蚀着、被吞食着、被毁坏着，或更确切地说被操纵着、被歪曲着、被诱惑着。它悄悄地转向反对自身。另一个游戏，另一个赌注悄悄地前来消解它。

当然，像黄色淫秽和性交易都不能施加任何诱惑，它们像裸体一样卑贱，像真理一样卑贱。这一切都是解除了魔法的身体形式，如同性是被废除和解除了魔法的诱惑形式，使用价值是解除了魔法的物品形式，一般现实是被废除和解除了魔法的世界形式。

同样，裸体性从来也不会废除诱惑，因为它会自行变成别的东西，变成另一场游戏的歇斯底里装饰，并且超越自身。从来也不会有零度状态，没有客观参照，没有中性状态，但总是还存在一些赌注。我们所有的符号如今似乎都在参与竞争，正如裸体性中的身体，真理中的意义，以追求一种最终的客观性，追求中性的熵形式和亚稳态状态——除此之外，假期中裸露的身体，理想模式的身体还有其他什么呢？渡假的身体托付于健康与中性的太阳，还有那恶魔般的晒黑模仿剧——而这些符号在现实的零度点或中性点曾经有过片刻停留吗？不是总存在一种中性的转换么？中性将自身转换成赌注、诱惑和死亡的新型螺旋体。

性中隐藏着怎样的诱惑呢？在性赌注的废除中又隐藏着怎样的诱惑和挑战呢？（在另一层面上存在同样的问题：在群众中，在社会赌注的废除中，隐藏着怎样的蛊惑和挑战呢？）

任何对解除了魔法的体系的描述，任何对体

系进行祛魅（désenchantement）的假设，对拟真和威慑的滥用，对象征过程的废除，还有参照物的死亡，这些假设也许都是虚假问题。中性物从来就不是中性的，它将被蛊惑所控制。然而它会再次成为诱惑的对象吗？

诱惑和角斗的逻辑，礼仪的逻辑要比性强大许多。与权力一样，性从来也不是故事的真相。因此在《感官世界》这部电影中，内容从头到尾讲的都是性行为、性享受、坚持不懈，然而却具有另一种逻辑。从性的角度来说，该电影不可理喻，因为理解到位的性享受能引向一切，只有死亡除外。而那对夫妇所表现的疯狂（这种疯狂只是对我们而言，事实上这是一种严谨的逻辑）将他们引向极端，这时感官不再是感官，感官的使用不再有任何肉欲感，也不再有神秘感或玄学感。这就是挑战的逻辑，其冲动产生于性伙伴之间的竞相挑逗。更为确切地说，主要的波折就是从快感的逻辑，即男人主导游戏初始时的逻辑，向挑战和死亡的逻辑的过渡，即女人冲动下的逻辑——女人成了游戏的主人，而在初始时她仅仅是性的对象。价值与性的颠倒正是通过女性而进行，转向一种诱惑和角斗的逻辑。

这里没有任何倒错或病态的冲动，也没有厄洛斯和塔纳托斯①的"亲缘关系"或一种欲望的情绪矛盾，也没有来自于我们性心理深处的某种阐释。这里既不是性也不是无意识。性行为被当作一种礼仪行为，庆典或战争行为，死亡将是这种行为的必然结局（正如古代悲剧中的乱伦主题那样），挑战完成的象征形式。

因此诲淫物可以诱惑，性和快感可以诱惑。甚至那些最最反诱惑的形象也能变成诱惑的形象（人们谈论过女权主义的话语，说在它那总体非诱惑之外，又有一种同性恋的诱惑），它们只需过渡到其真相的另一边，来到一个可逆的、即它们死亡的轮廓中。同样，反诱惑的最佳形象即权力的情况也是如此。

---

① 厄洛斯（Eros），也译作爱洛斯，希腊神话中的爱神，卡俄斯之子。他诞生在黑暗和黑夜之后，是爱欲、生育及性欲的化身。
塔那托斯（Thanatos），希腊神话中的死亡之神，黑夜女神倪克斯（Nyx）之子。他身披黑斗篷、鬓生双翼、留着胡须，手持一把奇异宝剑或熄灭的火炬。在罗马他被叫作摩耳斯（Mors）。弗洛伊德认为，人有两大类本能。一种是生的本能，即力比多，并以此来概括一系列行为和动机现象，像饮食、性、自爱、他爱等个人所从事的任何愉快的活动，都是生的本能即厄洛斯。另一种是死的本能即塔纳托斯，像仇恨、侵犯和自杀等都是死的本能。这两种本能在现实生活中都不能自由发展，常常受到压抑而进入潜意识领域，并在潜意识中并立共存，驱使我们的行动。

权力诱惑人。但是这并不是普通意义上群众的欲望,不是一种默契的欲望(在他者的欲望①中建立诱惑的同语反复)——不是!权力通过这种困扰权力的可逆性来诱惑,并在这个可逆性上建立一个最小循环。统治者与被统治者不会比受害者和刽子手("剥削者"和"被剥削者"是存在的,双方分离得很清楚,因为在生产中不存在可逆性,确实,在这个层次上不发生任何重要的事情)人数更多。不存在分离的(séparées)立场:权力根据一种二元关系得以实现。在这种关系中,权力向社会发出一种挑战,它也面临自身存在的挑战。如果权力不能根据这个诱惑、挑战和诡计的最小循环"进行交换",那它就只有消亡。

归根结底,权力并不存在:永远也不存在一种力量对比的单方面性,并在这个单方面性上建立一个权力的"结构",一种权力的"现实",还有权力的永久运动。这只是理性向我们强加的一种权力的梦想,但是没有任何东西想这样,一切都在寻求自身的灭亡,包括权力在内。或者说一切都在寻求交换,希望相互逆转,并在某个循环中自我废除(因此实际上既不存在压抑,也没有无意识,因为可逆性已经在那里)。 只有这一点在深深地诱

---

① 他者的欲望(le désir des autres),原为拉康的术语。

惑着。只有当权力重新变成一种针对自己的挑战时，它才具有诱惑力，否则它仅仅是一种练习，只能满足一种理性的霸权逻辑。

诱惑比权力更为强大，因为它是一个可逆而致命的过程，而权力则希望自己像价值那样具有不可逆性，能够积累，像价值那样永恒不朽。权力分配着现实和生产的所有幻想，希望自己属于现实的范畴，并且倒向想象世界和对自身的迷信（在那些分析权力的理论的帮助下，即使是对抗权力亦然）。诱惑实际上并不属于现实的范畴，它从来就不属于力量的范畴，也不属于力量对比的范畴。然而恰恰因为这个原因，只有诱惑才能涵盖权力的现实过程，就像涵盖生产的现实范畴那样，还有可逆性和不断减少积累的现实范畴——否则将不会有权力，也不会有生产。

在权力的背后，或者说在权力的中心，在生产的中心，只是一个空白，如今正是这个空白给它们最后一丝现实的希望。若没有逆转它们、废弃它们和引诱它们的东西，它们将永远也不会获得现实的力量。

此外，真实（le réel）从来也没有吸引过什么人。它是祛魅（désenchantement）的场所，进行拟像积累以对抗灭亡的场所。没有比这更坏的地方。有时能让现实充满魅力的东西，能让真相充满魅力的东西,就是这背后所具有的想象性灾难。你能相信像权力、经济、性等这些伟大的现实玩意儿,如果没有支持它们的迷惑力,它们能支撑一会儿么?这种迷惑力正是来自于相反的镜像,它们在镜子中相互反射,进行着持续的转换,享受着感性的体验,感受着灾难的迫近。

尤其是在今天,现实仅仅是死亡物质、死亡躯体和死亡语言的囤积——废料的沉积。也是在今天,对真实储备(stock de réel)的评价(对生态的抱怨谈论着物质的能量,然而它掩盖了一点,即在物种领域内消失的将是现实的能量,现实的现状和对现实的某种自主管理的可能性——无论是资本主义的还是革命的管理)让我们感到安全:如果生产领域走向消亡,则语言、性和欲望的领域还能够接班继续。解放、享受、让别人说话、收回话语——这都是现实,是真正的物质,是前景中的仓库。因此就是权力。

不幸的是事情并非如此。也就是说:好景不长。权力会渐渐被吞噬。人们像经营权力那样,想让性成为一种不可逆转的行为体,让欲望成为一种不可逆转的能量(一座能量仓库,有无必要这么说,欲望向来距离资本不远)。因为根据我们的想象,我们只会给不可逆的东西以意义:积累、进步、增长、生产、价值、能量、欲望都是不可逆的过程——这就是解放它们的意义所在。（向经济、政治、行政和性等机制中注入任何一点剂量的可逆性，一切就会立即崩塌。）这正是今日为性特性保留的、施加于身心之上的神秘权威。然而这正是它的脆弱性所在，与生产的整个大厦一样。

诱惑比生产更为强大，也比性欲更为强大。永远也不要将诱惑与性欲混为一谈。诱惑并不是性欲的一个内部过程，人们通常会将性欲压制在过程中。诱惑是一个循环和可逆的过程，是挑战、竞价和死亡的过程。相反，性意识倒成了诱惑的缩减形式，被限定在欲望能量的极点之间。

诱惑过程与生产和权力过程的交织，任何不可逆过程中一丝可逆性的出现，这正是我们需要分析的东西。可逆性会悄悄地破坏和肢解不可逆过程，同时保持着贯穿全过程的享受的最小连续体，否则该过程将永远毫无价值。同时我们也要知道，在任何地方任何时候，生产总是试图消灭诱惑，以便能自我建立在唯一的力量对比的结构上——在任何地方，性的生产也试图消灭诱惑，以便能自我建立在唯一的欲望关系的结构上。

因此，我们应该完全回到原有的立场上，接受那种假设，即福柯①在《求知意志》中所描述的立场。因为福柯只看到作为话语的性生产，他着迷于某个言语场的不可逆展开和侵入性饱和。这同时也是一种权力场的建立，权力场将凌驾于反映它（或创造它）的知识场之上。然而权力又从哪里获取它那梦游般的功能性呢？它又从哪里获得使空间饱和的那个必然的天职呢？如果不存在由权力开垦和推介的社会性和性特性，也许就只存在由知识（理论）开垦和推介的权力了——在这种情况下，将一切置于拟真之中，颠倒这面过分完美的镜子则更为合适，即使它所产生的"真相效果"清晰可辨亦然。

此外，这个权力和知识的方程式，这种权力和知识手段的对应，即在它所扫描的场内似乎支配着我们的手段的对应，这种福柯推荐给我们并作为完全有可操作性的连接，也许只是两个已经熄灭的天体的连接，只剩最后一丝光芒在相互照亮着，因为它们已经失去了自身的光芒。在其专门和特别的阶段，权力和知识相互对抗，有时还很激烈（另外性与权力之间的对抗也是如此）。如果说它们如今正在相互混合，不就是以现实原则、区别特

---

① 米歇尔·福柯（Michel Foucault, 1926—1984），法国后现代哲学家。著有《知识考古学》、《疯癫与文明》、《词与物》、《性史》（未完成，共分四卷：《求知意志》、《快感的享用》、《自我的呵护》、《肉欲的告赎》）等。

征和自身能量的逐步衰竭为基础么？它们的连接将不会预示一种加倍的实证性，而是一种孪生的无区分性，最终，也许只有它们的幽灵才能相互混合并困扰我们。

在权力和知识的这种表面郁积背后，在似乎到处笼罩和涌现的郁积背后，说到底只有一些权力的转移，一些癌变的增生，组织结构正在疯长和解体。如果说权力正在普及，如今在各个层次可以检测到（"分子型"权力），如果说它已经变成了一种恶性肿瘤，即组织细胞向四面八方疯长，不再听从政治的古老"遗传密码"，那就是说政治本身已经得了癌症，正在快速解体。或者说它正遭受超真实的折磨，只有在拟真的危机高潮（在权力符号的癌变增生）中才能到达这种权力的普遍推广，到达这种饱和状态。这便是权力的梦游式操作性。

因此，任何时候任何地点都要进行拟真的打赌，抓取符号的反面。如果善意地从正面抓取，这些符号总会带领我们走向现实，走向权力的真切。同样，这些符号也会带领我们走向性和生产的现实和真切。我们要从反面抓取的正是这种实证主义，要依附的正是这种权力向拟真的转换。权力本身从来不会作这种假设，还要责怪福柯的文本没有作这种假设，在这一点上，福柯与权力的诱饵不谋而合。

因整体受到权力充实和性充实的困扰,所以必须向整体提出关于空白的问题——权力所困扰的空白问题。空白作为一种扩展和持续的投资,向权力提出下述空间转换的问题:权力空间的转换,空间与性言语的转换——在生产的蛊惑下,向权力提出诱惑的问题。

表面的深渊

外表的神圣视野

诱惑是消除话语意义并且使话语偏离真理的东西。它是显性话语（discours manifeste）和隐性话语（discours latent）的精神分析性区别的反面。因为隐性话语在改变显性话语时，并不是使它从真理处偏离，而是将它引向真理。让它说它不想说的东西，让它话语中的各种限定和深层非限定依稀可见。裂口后面总是模糊的深度，"／"（la barre）后面总是模糊的意义。显性话语具有经过精雕细琢的外表，贯穿和凸现了一种意义。阐释则打碎了外表和显性话语的游戏，通过与隐性话语重建关系而释放意义。

在诱惑中则相反，可以说显现物和话语处在最为"表层"的东西中，这种表层物会转向（有意识或无意识的）深层安排，以便废除这个话语，或用外表的魅力和陷阱替代它。这可不是无意义的外表，而是一种游戏和赌注的场所，让激情偏离的场所——诱惑那些符号本身要比凸现任何真相还重要得多——而阐释在追寻一个隐藏意义的过程中要忽视和摧毁的正是这个真相。因此阐释是与诱惑针锋相对的最佳方法,任何阐释性话语都是最无诱惑力的东西。不仅是它带来的破坏在外表的领域内无以计数,而且也有可能出现这样的情况,即在对隐藏意义的特别追寻中存在一种深层的错误。因为这不是在别处,即在一个隐性世界(hinterwelt)或无意识中去寻找让话语偏离的东西——真正转移话语的东西,在本义上"诱惑"话语并使话语具有诱惑力的东西,就是话语的外表本身,是其表面符号那随机的或荒谬的、仪式的或精心的流通,它的意义转变,它的细小区别,正是这一切抹去了意义的含量,正是这一点具有诱惑力,而一个话语的意义从来就没有诱惑过任何人。任何具有意义的话语都想终止外表,这才是它的诱饵和欺骗所在。然而也有一种不可能的事业:话语被毫不留情地交给了它自身的外表,交给了诱惑的赌注,因此作为话语交给了它自身的失败。然而,也许任何话语在私下都被这种失败诱惑着,被其目标的蒸发诱惑着,被真相效果向表面效果的这种蒸发诱惑着,而这些表面效果就像吸收和吞噬意义的镜子。当某个话语自我诱惑时,首先出现的东西,即话语被吸收并且掏空其意义、以便更好地蛊惑他人的特殊形式,就是语言的原始诱惑。

任何话语都是这种入迷的同谋,这种诱惑偏向的同谋,如果话语自己不去做,其他事物将会替它去做。所有的外表都联合起来与意义作斗争,以铲除有意或无意的意义,将它逆转到一种游戏中,逆转到另一个任意的游戏规则上,逆转到一个无法抓住的礼仪上,这个礼仪将更具有冒险性,比意义的指导路线更为诱人。话语所要对抗的东西倒不是某个无意识的秘密,而是话语本身、外表的表面深渊;而如果要战胜某样东西,那倒不是意义或反义的幻影和沉重幻觉,而应该是无意义的光辉表面,还有该表面使之可能的所有游戏。仅仅是最近以来,人们才成功地消除了诱惑这个赌注,它具有外表的神圣视野作为空间,以便能够用一个具有"深度"的赌注去替代它,即无意识的赌注、阐释的赌注。不过没有任何东西告诉我们这种替代不是脆弱和短暂的,这种由精神分析开启的一种潜在话语困扰的统治,相当于在各个层面上遍地阐释的恐怖主义和暴力,谁也不知道这个措施,即通过它曾经消灭或试图消灭任何诱惑的措施,本身是否就是一个很脆弱的拟真模式,这个模式如果给自己某些无法超越的结构,那就是为了更好地掩盖所有平行的效应,恰恰就是开始破坏这个模式的诱惑效应。因为对精神分析来说,最坏的就是这个东西:无意识在行使诱惑,它通过其梦境来诱惑,通过概念来诱惑,一旦"说话",一旦想说话,它就开始诱惑。到处都有一种双重的结构就位,一种无意识符号及其交流的同谋式的平等结构,它会吞噬掉另一个结构,无意识的"劳动"的结构,那个转移和反转移的、纯净而又坚硬的结构。整个精神分析的大厦将因为自我诱惑而倒塌,而所有其他事物将随之而去。让我们充当闪电一刻的分析家,可以说正是对一种原始压抑的反击,即对诱惑的压抑的反击,才是精神分析学作为"科学"而兴起的根源,按弗洛伊德自己的步骤而崛起。

弗洛伊德的事业在两个极端之间展开,两个极端从根本上重新质疑中介的结构——在诱惑和死亡的冲动之间。死亡的冲动被设想成精神分析的(场所和经济的)前期装置的转变,我们在《象征交换与死亡》①中已经谈论过。关于诱惑,它通过某种秘密的亲缘关系与死亡冲动结合起来,超越了诸多的波折,应该说诱惑像是精神分

---

① 波德里亚:《象征交换与死亡》(*L'échange symbolique et la mort*, 1976),车槿山译,译林出版社,2006年。

析学的遗失物。

比较古典的看法是，弗洛伊德放弃诱惑理论（1897年）可以被看作精神分析学理论问世的关键一步，在突出无意识幻觉、心理现实、儿童自发性欲等概念方面也是关键的一步。

（《精神分析学词汇》，
拉普朗什与蓬塔里斯出版社）

诱惑作为一种特殊形式被看作"初始幻觉"的状态，根据一种并非自身的逻辑进行处理，被当作废料或残留物，逻辑中的生成物或屏障，是现今心理和性现实的辉煌结构。这不是将诱惑的堕落看作一个正常的成长阶段，应该这么想，这是一个后果沉重的关键事件。众所周知，诱惑概念后来在精神分析学话语中消失了，或者说它的重新出现将只是为了重新被人埋没和遗忘，根据就是某种逻辑的延续，即大师本人否定的缔造行为的延续。与其他更具决定性的成分相比，诸如儿童性欲、压抑、俄狄浦斯情结等，诱惑不仅被当作次要成分被排除在外，还会被当作危险形式而否定，这种形式对后续大厦的建设与协调可能会是致命的东西。

弗洛伊德与索绪尔身处完全相同的处境。索

绪尔也是通过在《字母异构法》①中描述一种语言形式而起步。这也可能是一种消除语言的形式，是一种精心和仪式性地解构意义和价值的形式。后来他放弃了这一切，改为建立语言学。这个转向是否应归咎于他证明工作的明显失败或对换字母挑战立场的放弃，以便能进入构建的事业，进入更为持久更为科学的事业，去构建意义的生产方式，以排除意义被消灭的可能？总之这无关紧要，正是这个最终的改行催生了语言学，而且为所有继承索绪尔事业的人们构建了语言学的公理和基本规则。人们不会再回到被扼杀的东西上来，而忘记原始的谋杀属于一门科学的合理逻辑和辉煌发展。丧礼和死亡物品的整个能量将转到对活人操作的拟真复活中。还应该说，索绪尔到后期至少有这种直觉，他的语言学事业注定要失败，心里笼罩着一种担忧情绪。他隐约看见了某种衰竭，看见了这个替代的美妙机制的可能诱饵。然而这些顾忌，即显露出对《字母异构法》的匆忙而又提前入殓的顾忌，其继承者完全是门外汉。索绪尔的继承者满足于管理好一个学科，而语言深渊的想法，语言诱惑的深渊的想法，与吸收完全不同并且不是与意义

---

① 字母异构法（anagramme），法语中的一种造词法，或用这种方法创造的词。这也是一种修辞方式。例如将 gare（火车站）改成 rage（狂犬病）。

生产不同的操作的想法,这些都不再会从他们的脑海中掠过。语言学的石棺已经封盖,能指的裹尸布坠落其上。

于是精神分析学的裹尸布便落到了诱惑之上,这是隐藏的意义的裹尸布,一种意义隐性增值的裹尸布,而消耗的是外表的表面深渊,吸收的表面,即符号交换与竞赛的瞬间恐惧的表面。这些符号由诱惑形成(其中歇斯底里仅仅是一个"症候性"[symptomatique]表现,而且已经受到症候的潜在结构的感染,因此这个结构是前精神分析的,也是堕落的结构,因此它能够为精神分析学本身充当"转换模具")。弗洛伊德本人也放弃了诱惑,以便建立一种具有高度操作性的阐释机制,一种高度性欲化的压抑机制,它会提供客观性和协调性的所有特征(如果将精神分析学内在的所有痉挛抽象化,不管是个人的或理论的痉挛,即使完美的协调遭到破坏,所有的挑战与埋藏在话语严谨性之下的所有诱惑都将像活着的死人那样一一复活——然而归根结底,那些好心肠的人会说,这意味着精神分析学还是活着的学科?)。至少弗洛伊德本人已经与诱惑一刀两断,站到了阐释的立场上(直至最后的元心理学,非常肯定的是元心理学已经和诱惑分道扬镳),然而,这个值得称赞的立场的整个压抑物又重新出现在精神分析学历史的冲突与波折中,压抑物在任何治疗过程中又重新进入游戏(歇斯底里的治疗从来没有结束过!)。当我们看到,在拉康①的推动下诱惑冲向了精神分析学,进入了一种能指游戏的幻觉形式,真让人喜出望外。而精神分析学,无论就其形式或其严格的要求或弗洛伊德所要求的形式而言,肯定会葬身于能指游戏,而不太会死于管理机构的平庸化。

拉康的诱惑无疑是一种欺骗,但它以自己的方法作了校正,修正了弗洛伊德本人的原始欺骗并为之赎罪,即排除诱惑形式的欺骗,以建立一个还称不上科学的科学。拉康的话语普及了一种精神分析学的诱惑实践,以某种方式为被排除的诱惑报了一箭之仇,但使用的方式本身就已经受到精神分析学的感染,就是说总以(象征的)法则特征出现——截获性诱惑,这种诱惑总是通过法则和大师肖像的特征而实施,大师则通过圣言对没有享受能力的疯狂大众进行统治……

在拉康的研究中,这还是一种精神分析学的

---

① 拉康(Jacques Lacan,1901—1981),法国精神病医生和后精神分析学家。作品有《性格关系中的偏执心理》、《形成"我"功能的镜像阶段》、《拉康文集》等。

死亡，是一种因被否定物的重新出现而遭到打击后的死亡，这种起初的被否定物得意洋洋地重新出现，但已经是死后的复活。这难道不是一个命运的归宿么？精神分析学至少有这么一个契机，在开始了一个伟大的否定之后，它又以一个伟大欺骗者的面目而终结。

原先拔地而起的意义和阐释的完美大厦，就这样在自身符号的重压下轰然倒地，在重新变成自身符号的游戏中，在充满沉重意义的词语游戏中，在无节制的诱惑诡计中，在默契和空无意义的交流（包括治疗中）的过分词语中倒塌，这能让我们兴奋并得到安慰。这说明至少让我们避免了真相的严酷（因此只存在骗子）。再者，能够显示为精神分析失败的东西仅仅是一种企图，就像针对任何伟大的意义体系一样，是一种坠落于自身形象中的企图，以至于丢失了形象的意义，这便是原始诱惑之火的回归和外表的报复。那么说到底，欺骗在哪里？由于起初就拒绝了诱惑形式，精神分析也许仅仅是个诱饵，真相的诱饵，阐释的诱饵，而拉康的诱惑诱饵正好能予以揭穿和补偿。一个循环就这样得以完成，在这个循环上，也许还会出现其他询问和诱惑形式的机会。

对于上帝和革命来说也一样。排除所有的外

表以光耀上帝的真理,这曾经是破坏圣像者①的诱饵。因为上帝的真理并不存在,也许他们私下里就知道这一点。因此他们的失败与热爱偶像的信徒一样,来自于同样的直觉:人们只能依靠一种变质真理(vérité altérée)的想法而活着。这是唯一依赖真理为生的方法。另一种想法是无法忍受的(恰恰是因为真理并不存在)。不应该想着去排除外表(图像的诱惑),应该让这种做法失败,以避免真理的缺席爆发出来,或上帝的缺席暴露出来,或革命的缺席暴露出来。革命只能在这样的想法中存活,即一切都与之对抗,尤其是它那猴子般的可笑复体:斯大林主义。斯大林主义之所以不朽,正是因为它随时掩盖革命和革命真理并不存在这一点,因此给人们保留着一线革命的希望。里法洛尔②说"人民并不要革命,他们只要革命的景观"——因为这是保护革命诱惑的唯一方法,不会将诱惑弃之于真理中。

"当揭去真理的面纱后,我们不相信真理还是真理"(尼采)。

---

① 破坏圣像者(Iconoclastes),拜占庭时期反对将基督、圣母等偶像化的教派。
② 里法洛尔(Antoine Rivarol,1753—1801),法国作家。著有《论法语的普遍性》、《名人小年鉴》等。

逼真的假象①或施魅的拟真

祛魅的拟真：黄色淫秽——比真实还要真实——这是拟真物的顶峰。

施魅的拟真：逼真假象——比虚假还要虚假——这便是外表的秘密。

没有寓言，没有叙事，没有组合。没有场景，没有戏剧，没有行动。逼真的假象忘记了这一切，通过任意物品的第二形象绕过这一切。同样的东西显示在时代的伟大组合中，然而在这里，这些东西单独显示，有关绘画的话语已然被淘汰——突然，它们不再"显示"，它们不再是物品，不再是什么东西。这是一些空白的符号、虚空的符号，意味着反庄严性、反社会再现、反宗教或反艺术再现。作为社会生活的垃圾，它们便

---

① 逼真的假象（trompe-l'oeil）一词意指某种足以乱真的拟像，比如三维立体电影中令人惊心动魄的影像、扑面而来的大海、飞驰而至的火车等。

掉过头来对抗社会,戏仿社会的戏剧性;因此它们是散乱的事物,按其在场的偶然状态栉次排列。这本身就有一种意义:这些物品并不到位。它们并不像静物画那样描绘一个熟悉的现实,而是描绘一个空白、一个不在场,任何图像等级的不在场。图像等级安排着一幅图画的要素,正像它安排着政治的秩序那样。

这不是一些离开了主要舞台的普通角色,而是出没于舞台虚无空间的幽灵。它们的诱惑不是美学的诱惑——绘画和相像的诱惑,而是急性和玄学的诱惑,废除现实的诱惑。作为幽灵之物,玄学之物,在其非现实的转换中,它们与文艺复兴时的整个表现空间针锋相对。

它们的无意义颇具进攻性。只有那些无参照的物品,脱离背景的物品——这些老报纸、旧书、锈钉、旧木板、食品碎屑——只有那些孤立的物品,失宠的物品,与任何叙事外切的幽灵物品,才能勾勒出已经失去的现实的痕迹,某种先于主体生活、先于主体觉悟的东西。"按照透明的形象,即艺术爱好者所期待的暗示性形象,逼真的假象用一个在场代替那难以处理的不透明性"(皮埃尔·夏邦特拉①）。作为无前景的拟像，逼真的假象的形象突然像恒星那样精确，完全失去了其意义的光晕，沐浴在一种虚空的以太中。它们是若干纯粹的形象，是对现实的过分嘲笑。

在逼真的假象中没有自然，没有风景，没有天空，没有没影线，也没有自然光。没有面孔，没有心理，也没有历史性。这里一切都是伪迹，纵向的背景以纯粹的符号树立起脱离参照性语境的物品。

半透明性、悬空、脆弱性、废弃——于是纸张、文字（纸边磨毛）、镜子、手表等物的固执，一些被磨灭的非现时符号，消失在日常中的超越的符号——用旧的木板镜子，木板边材上的树节和同心圆线条标示着时间，就像一台无指针的时钟，让人猜测着时间：这是一些已经发生过的事情，这是一个已经过去的时间。唯一的起伏就是时间错位的起伏，时间与空间的退化形象。

这里没有水果，没有鲜肉或鲜花，没有字纸篓亦无花束，也没有形成自然（静物）的欢愉的所有事物。静物画充满肉质感，丰富的肉质分布在水平

---

① 皮埃尔·夏邦特拉（Pierre Charpentrat, 1922—1997），法国当代艺术评论家，巴洛克艺术研究专家。

面上,分布在地面或桌面的平面上——有时它还做着非平衡游戏,物品的边缘呈犬牙状,它们的用途不甚明了。然而它总是具有实物的重力,有突出的横向性,而逼真的假象则在失重方面做游戏,突出的是纵向的背景。一切都悬空着,物品和时间,甚至连光线和前景都悬空着。因为如果说静物画在大小和传统的阴影上做文章,逼真的假象所承载的阴影则没有那种来自真实光源的景深:这些阴影就像用旧的物品,成为一种轻度眩晕的符号,那是来自前世生活的眩晕,来自现实之前外表的眩晕。

这种无来源的神秘光线,其入射倾斜得没有任何现实感的光线,它就像一潭没有深度的池水,不流动的水,摸上去像自然死亡那样柔软。这里的事物很久以来就已经失去了它们的影子(它们的实质)。太阳以外的某个东西在照亮着它们,一个更具辐射力的天体,没有大气层,还有一种无折射的以太——也许死亡在直接照射着它们,而它们的影子也只有这个意义?这个影子并不随着太阳旋转,也不随着夜晚降临而扩大,它一动不动,俨然一束严酷的流苏。它并不隶属于半明半暗,也不属于阴影与光明的深奥辩证法,这些还属于绘画的游戏——而这个影子仅仅是黑色阳光下物品的透明性。

人们感觉到这些物品正在接近黑洞，现实、现实世界和普通时间正从黑洞向我们走来。这种向前的轴偏效应，这种物品镜像向一个主体的位移，就是以微小物品的形式出现的复体（double），并且产生出一种诱惑效果，产生出逼真的假象的特殊惊怵效果：勾勒主体疯狂愿望的可触摸性眩晕，以拥抱主体自身的图像，并通过它使主体昏厥。因为只有当我们的身份消失在现实中，或突然以我们自身幻觉般死亡的面目出现时，现实才能激动人心。

抓住事物的微弱生理愿望，然而这个愿望也是悬空的，从而变得颇有玄学味道——逼真的假象的物品保持着同样虚幻的亲和力，这就是儿童发现自身形象时的亲和力，某种先于感知范畴的即时幻觉的东西。

如果说逼真的假象会出现某个奇迹，那也永远不会在现实执行中发生——不会像宙克西斯①的葡萄，逼真得让雀鸟都来啄食。荒唐。永远也不会在现实的添加物中发生奇迹，恰恰相反，倒是会在现实的突然衰竭中，在自我毁坏的眩晕中发生奇迹。对物品的超现实精通正好表达了这种现实场景

---

① 宙克西斯（Zeuxis，约公元前五世纪），古希腊画家。他最先将明暗法运用于绘画创作，重视以想象表现现实和人物。作品有《戴玫瑰的厄洛丝》、《梳妆中的海伦》、《贞妇》等，但均未被保存下来。

的消失。当偏向眼睛和视觉的空间等级组织被拆散后，当这种透视性拟真——因为这只是个拟像——被打破后，另外的东西将会出现，在没有更好的办法时，我们将会以**触觉**来表达它，当作可触摸的事物的超级在场（hyperprésence），"似乎我们能够抓住它们"。然而这种可触摸的幻觉与我们的触觉感官毫不相干：这是一种"抓住"的暗喻，即抓住场景和再现空间的废弃。这么一来，这种抓握重新冲向被称之为"真实"的周边世界，向我们揭示这个"现实"向来都是一个被搬上舞台的世界，根据深度规则客观化的世界，现实是一个原则，绘画、雕塑和时间的建筑只能在遵守这个原则的前提下自我调节。然而这仅仅是一个原则，一个拟像，逼真的假象的实验性超级拟真（hypersimulation）将终结这个拟像。

在逼真的假象中，问题不在于要与现实混为一谈，而是要在完全意识到是游戏和人为行为的情况下生产一个拟像——通过模仿第三维度将怀疑投向这个第三维度的现实——模仿并高度超越真实效应，将一个绝对的怀疑投向现实原则。

通过真实外表的过度来释放真实。在外表上，物品要比它们存在的情况更为相像，这种相像就像一种第二状态（état second），它们真正的起伏，透过这种寓意性相像，透过对角的光线，就是对过量的现实进行嘲笑的起伏。

这里的深度已经颠倒：在逼真的假象中，文艺复兴的整个空间不再按景深中的某条没影线进行安排，透视效果可以说已经被抛向了前方。众多物体不再在扫视（敞视式眼睛的特权）它们的眼睛前向四周逃逸，正是它们在这里"蒙蔽"眼睛，通过内部的某种起伏——重点不在于它们让人相信一个并不存在的真实世界，而在于它们破坏了一个眼光的优越位置。眼睛不再是一个展开空间的发生器，而只是一个物体相聚的内部没影点。另一个天地将在前面开启——没有视野，没有横向性，这是一面立在眼前的半透明镜子，后面没有任何东西。这恰好是外表的视域——没有什么可看的，应该是事物在看着你，它们不再在你面前逃逸，它们大摇大摆来到你面前，身上披着别处带来的亮光，然而这个投来的影子从来也不会给事物一个真正的第三维度。因为第三维度，即透视的维度，它总是符号针对现实的恶意维度，由于这种恶意，从文艺复兴以来的整个绘画便腐朽不堪。

这里出现了与美学享受区别分明的东西，即逼真的假象那令人担忧的奇异性及逼真的假象投射于这个现实的奇异日子，即辉煌地脱胎于文艺复兴的全新的、西方的现实：逼真的假象是现实的讽刺拟像。二十世纪初功能主义革命时的超现实主义曾经是这样——因为超现实主义也只是对功能性原则的狂热讽刺。它与逼真的假象一样，恰好也不属于艺术和艺术史：它们的维度属于形而上的维度。修辞格与它们无关。它们攻击人们时的要点，就是现实效应或功能效应本身，还有意识效应。它们既瞄准反面又瞄准背面，搅乱世界的真切。因此它们的享受，它们的诱惑是根本的，哪怕是小小的诱惑。因为这种诱惑来自于外表的一种根本袭击，来自于现实世界生产方式之前的某种生活。

在这一点上，逼真的假象不再是绘画的范畴。它与同时代的仿大理石一样，能够制造一切、模仿一切、搞笑一切。它变成了恶意使用外表的样品。这种游戏在十六世纪曾经呈现出令人吃惊的势头，最终抹去了绘画、雕塑和建筑之间的界线。在文艺复兴和巴洛克时期的壁画和屋顶画中，绘画和雕塑混为一体。在洛杉矶的墙画或假街中，建筑是虚空，被逼真的假象诱饵 (le leurre) 拆散。是空间通过空间符号进行的诱惑。人们谈论了那么多关于生产的事，现在是否该谈谈空间的诱惑了呢?

政治空间也是如此。乌尔比诺公爵费德里科·达·蒙泰费尔特罗①在乌尔比诺和古比奥的小书斋就是这样:宫殿那巨大空间中心的一个小小圣所。宫殿是一种高超的建筑前景的辉煌成就,依循规则而展开的空间。小书斋是一个反向的微观世界:它与宫殿的其余部分隔绝,没有窗户,严格说来没有多少空间——那里的空间通过拟真去夺取。如果说整个宫殿构成了最佳的建筑行为,那么艺术(和权力)的明显话语呢?小书斋那微小的隔间又会怎样呢?小书斋紧靠小教堂,像是另一个圣地,但挟带巫术的气味。在那个空间中非法交易的东西,与宫殿和共和体制的整个表现体系进行交易的东西,并不是非常清晰。

最最隐私的空间,它是亲王的采邑,正如乱伦和犯禁是国王们的垄断权一样。实际上在这里发生了整个游戏规则的颠倒,通过逼真的假象的寓意讽刺性地让人猜想,外部的空间,即宫殿里的空间还有城市的空间,甚至权力的空间,政治的空间,也许本身就是一种透视效果。如此危险的秘密,如此根本的假设,王子应该据为己有,掌握在

---

① 费德里科·达·蒙泰费尔特罗(Federigo da Montefeltro, 1422—1482),意大利乌尔比诺公爵,在十三世纪时曾经统治过乌尔比诺(Urbino)城邦,史称费德里科三世。

手,并保持在最为严格的秘密中:因为这正是其权力的秘密。

在某个地方,从马基雅弗利①起,政治家们也许都知道这一点:正是对某个拟真空间的掌握才形成权力的起源,而政治并不是一个真实的功能或空间,而是一个拟真模式(modèle de simulation),其显性行为不过是兑现的效果。这个宫殿中的盲点,这个从建筑物和公共空间切割出来的场所,它正在以某种方式控制着整体,但它并不根据直接的决定,而是根据一种内部的转换,一种像原始仪式中悄悄进行的规则革命,一种现实中的空洞,一种讽刺性转移——隐藏在现实中心的精确拟像,而现实在整个操作中都取决于拟像:这便是外表的秘密。

因此教皇,或宗教裁判所审判长,或那些著名耶稣会会士或神学家都知道上帝并不存在——这才是他们的秘密和力量所在。因此逼真的假象中的蒙泰费尔特罗的小书斋,便是现实深处事物不存在的反向秘密,是深层"现实"空间中可能的可逆性秘密,其中包括政治空间——控制政治的秘密,而从那时起,这个秘密早已消失在大众"现实"的幻觉中。

---

① 马基雅弗利(Nicolas Machiavel,意大利语为 Niccolo Machiavelli,1469—1527),意大利政治家和哲学家。以其作品《君主论》著称。

I'll be your mirror[①]

逼真的假象，镜像或绘画，正是这种更小维度的魅力在蛊惑我们。正是这种更小的维度形成了诱惑的空间，并且变成了眩晕的根源。因为如果说所有事物的神圣天职就是找到一个意义，找到它们建立自身意义的一个结构，那么毫无疑问，它们也会有一种魔鬼般的愁绪，指望消失在外表中，消失在自身形象的诱惑中，也就是说将那些应该分离开来的东西聚集成唯一的效果，一个死亡和诱惑的效果。那喀索斯[②]。

诱惑就是那种没有可能再现它的东西，因为在真实和复体之间的距离，在自身和他者之间的

---

① 英语，意为"我将是你的镜子"。
② 那喀索斯(Narcisse)，希腊语为 Narkissos，希腊神话中的美丽少年。他拒绝了回声女神(Echo)及众多仙女的求爱，爱上了自己在水中的影子而不能自拔，死后化作一朵水仙花。后人把孤芳自赏、自我陶醉的人比喻为那喀索斯，精神分析学上称这种现象为自恋癖(narcissisme)。

扭曲，都已经不复存在。面对着他的泉水，那喀索斯在自我解渴：他的形象不再是"他人"，而是他自身的吸收和诱惑他的水面，好像他只能向水面靠近，永远也无法超越到别处，因为根本就没有别处，正像他与水面之间没有反射距离一样。水的镜面并不是一个反射面，而是一个吸收面。

因此在所有伟大的诱惑形象中，不管是通过歌声，通过不在场，通过目光或脂粉，通过美貌或丑脸，通过光彩照人，通过失败和死亡，还是通过面具（masque）或疯狂，即充斥于神话和艺术中的那些东西，那喀索斯的形象以其特殊的威力脱颖而出。

这不是反射的镜子，即主体自身会在其中变形的镜子——也不是主体在想象中构建自身镜像的阶段。这一切都属于相异性和同一性的心理学范畴，而不属于诱惑的范畴。

贫乏的是任何关于反射的理论，特别是这种想法，即诱惑可能建立在对同一物的吸引中，在对自身形象的模仿性兴奋中，或在相像的理想幻影中。万桑·德孔布[①]在《不由自主的无意识》中作

[①] 万桑·德孔布（Vincent Descombes, 1943— ），法国当代哲学家。作品有《不由自主的无意识》、《自身和他者》、《普鲁斯特：小说的哲学》、《精神食品》、《意义的机构》、《主体的补充》、《政治判断的哲学》等。

了如下陈述：

> 诱惑的东西并不是某个人或某个女性的伎俩，它只是针对你而已。被人诱惑是很诱人的，因此诱人的正是被人诱惑。换言之，诱人之人就是那个可以被人诱惑的人。被诱惑的人在另一个人身上找到了诱惑他的东西，让他着迷的唯一对象，即由魅力和诱惑构成的他自身的存在，自身的可爱形象……

总是自我诱惑及其心理的波折。然而在那喀索斯神话中，问题不在于有了那面递给那喀索斯的镜子，他就会理想地活着，而在于那面镜子是深度的缺席，是表面的深渊。这种表面深渊若对其他人有诱惑力，令人眩晕，那是因为每个人都是伤害自己的第一人。

这个意义上的任何诱惑都是自恋式诱惑，其秘诀就在这种致命的吸收中。因此，作为更接近于这面隐藏的镜子的女人们，将自己的身体和形象掩埋在镜子里的女人们，她们也就更接近于诱惑的效果。而男人们呢，他们更具有深度，但没有秘密：于是他们就有了权力，有了自身的脆弱性。

如果诱惑不是来自主体的理想幻影，它也不

会来自死亡的理想幻影。在保萨尼亚斯①的版本中,

> 那喀索斯有一个孪生妹妹,他与她非常相似,两个年轻人都非常美丽。后来姑娘死了,那喀索斯很爱她,感到非常悲痛,有一天他在泉水中看到了自己的脸,起先他以为看到了妹妹,这对他是一种安慰。尽管后来他知道他所看到的不是他妹妹,但已经依赖于从泉水的倒影中看自己,以安慰自己失去妹妹的痛苦。

亨利-皮埃尔·热迪②转述了这一说法,他认为,那喀索斯只有通过模仿的方式去亲近失去的形象,即通过他自己的面孔还原死去的孪生妹妹,才能自我诱惑,才能获取其诱惑的权力。

然而是否真的需要与亡者形象的模仿关系来探索自恋癖的眩晕?自恋眩晕症不需要这种孪生的折射——那喀索斯只需要自己的诱饵,这实际上也许就是他自身死亡的诱饵——而死亡实际上也许

---

① 保萨尼亚斯(Pausanias,约公元二世纪),古希腊地理学家。著有《希腊志》十卷。
② 亨利-皮埃尔·热迪(Henri-Pierre Jeudy),法国当代社会学家,国家科学研究中心研究员。作品有《感觉毁灭》、《恐怖与传媒》、《不安全的想象》、《灾祸欲》、《赞任意》、《无目的交流》、《交往的讽刺》、《城市美学批评》、《假象的文化》、《亲密的缺席》等。

就是乱伦的死亡——这只会给他的魅力增加分量。"红颜知己"应该是他的理想化版本。诱惑的佳话，费德尔①的佳话，绮瑟②的佳话，都是一些乱伦的故事，都是一些命中注定的故事。能得出什么结论呢？无非是说死亡本身通过乱伦和远古的诱惑在觊觎着我们，也包括我们和我们自身形象所保持的乱伦关系。我们的形象诱惑我们，因为它能够通过死亡的迫近减轻生存中亵渎圣灵的痛苦。在我们的形象中退化到死亡，这能减轻我们出生和繁衍生息的不可逆性。正是通过这种肉欲的交易、乱伦的交易，与交易一起，与我们的复体一

---

① 见拉辛五幕悲剧《费德尔》(Phèdre)。费德尔爱上了丈夫提修斯与前妻所生之子依包立特，而依包立特则爱上了敌方之女阿丽丝。仆人厄诺娜生怕女主人因羞愧自杀，便向提修斯诬告依包立特调戏费德尔，于是提修斯废黜了儿子依包立特，并命令海神杀死他。费德尔本来想让提修斯改变主意，但当她得知依包立特爱上阿丽丝后，便顿生妒火而放弃救助。依包立特死后，费德尔向提修斯坦白了一切，并在惩罚了仆人厄诺娜之后服毒自尽。最后提修斯遵循依包立特的意愿收养了阿丽丝。

② 见法国中世纪骑士故事《特里斯丹和伊索尔德》(Tristan et Yseult)。国王马尔克委让侄儿特里斯丹到爱尔兰迎接未婚妻伊索尔德。在途中，特里斯丹和伊索尔德不幸误饮了春药而相爱，国王发现后将他们逐出宫廷。后来，国王在林中茅屋里发现特里斯丹和伊索尔德在熟睡，两人中间用一柄剑隔开。他明白真相后便接回未婚妻，却命令特里斯丹永远离开。特里斯丹后来娶了一位相貌酷似伊索尔德的女子为妻。有一天，特里斯丹被刺伤，医生说，只有心上人到来才能治愈。特里斯丹派使者去请伊索尔德前来，并且约定：如伊索尔德来，船上就挂白帆，否则就挂黑帆。伊索尔德闻讯赶来，船上挂白帆，但特里斯丹之妻却谎称来船挂的是黑帆。特里斯丹因绝望当场死去。匆匆赶到的伊索尔德也因过分悲哀而去世。两人合葬在一座墓中，坟丘上长出两棵枝叶相连的大树。

起，与我们的死亡一起，去赢得我们的诱惑权力。

"I'll be your mirror。""我将是你的镜子。"这并不意味着"我是你的反射"，而是"我是你的诱饵"。

诱惑，就是作为现实去死亡，作为诱饵去自我生产。就是落入自身的陷阱，向一个着魔的世界运动，这就是诱惑性女人的威力，她会落入自己的欲望，因自己是诱饵而让自己中魔，其他人也会先后落入这个陷阱。那喀索斯也一样，他会掉进自己的诱饵形象中：他正是这样绕过了自身的真相，并通过这个模式成了爱情样板，将其他人从其爱情中引开。

诱惑的策略就是诱饵的策略。它就这样注视着所有的事物，而这些事物正在与它们自身的现实混为一体。这里存在一个传奇般威力的源泉。因为如果生产只知道生产物品，生产现实的符号，从中获得某种权力。而诱惑则仅仅生产诱饵，这样会获得所有的权力，其中包括将生产和现实送进其根本陷阱的权力。

诱惑还注视着无意识和欲望，将它们重新变成无意识和欲望的镜像。因为镜像包含的仅仅是冲动和享受，然而施魅却从另一边开始——这就是落入自身的欲望中,这就是幸运地将我们从"心理现实"中解救出来的那个诱饵。这也是精神分析学的诱饵,落入自身精神分析学欲望的精神分析学:于是精神分析便进入诱惑,进入自我诱惑,并将诱惑的威力折射到特有的目的上。

于是任何科学,任何现实,任何生产都只是在推迟诱惑的期限,诱惑像一个无意义在闪光,像无意义的不可理解的肉欲形式在闪光,就在人们自身欲望的天空下。

> 诱饵存在的道理。就像鹰隼冲向形状像小鸟的一块红色牛皮那样,难道不是同样的幻想在一遍又一遍地向截获东西的物品输送一个根本现实么?在各种信仰和幻想之外,诱饵可以说是不以诱惑为目的而对权力的承认。那喀索斯因失去了他的孪生妹妹,便在诱饵中或通过能引诱他自身面孔的诱饵构成来为妹妹治丧。既没有意识也没有无意识,欺骗得以高超地进行,并且能自给自足。(亨利-皮埃尔·热迪)

诱饵也可以设置于天空中,其威力丝毫不减。因此每个星座的符号都有它诱惑的形式。因为我们每个人都在寻求一种非凡命运的恩典,每个人都希求一种魅力和力量，来自一种完全非理性境况的力量——这就是星座符号的威力，也是占星术的威力。谁都不应该取笑占星术，因为拒绝诱惑天体的人只会很忧郁。许多人的不幸实际上就来自于他不在天空场中，不在适合他们的符号场中，说到底就是没有被他们的出生和其出生的星座所诱惑。他们终身承载着这个命运，就连死亡也是死不逢时。不被自己的星座符号所诱惑是很严重的事情，比得不到因功行赏或情感慰籍要严重得多。象征性的失信总是比实际亏空或现实的不幸要严重得多。

因此就有了建立一所星座符号外科研究所（Institut de Sémiurgie Zodiacale）的慈善念头。在这个研究所里，就像整形外科对身体外表进行修补那样，星座符号的不公现象将得到修正，最终能够向占星术的孤儿们发放他们所选择的星座，让他们自行互相和解。该研究所的成果将成为举世瞩目，至少不亚于自杀汽车旅馆。在自杀汽车旅馆里，人们可以随心所欲地死去。

死在撒马尔罕

符号的省略，意义的日食——诱饵。某个唯一的符号在瞬间进行的致命消遣。

这就是那个士兵的故事。士兵中午在市场的拐角处碰到死神，而且似乎看到死神向他做了一个威胁性手势。士兵吓得赶紧跑到王宫里，要求国王给他一匹最好的马，趁黑夜逃避死神的追赶，跑得远远的，远远的，直抵撒马尔罕①。听到这话，国王便将死神传呼到王宫，责备他恐吓了他最好的仆人之一。然而死神感到很诧异，便回话说："我没想吓唬他呀。在那里见到这个士兵，我也很吃惊。事实上我们的约会是在今晚，在撒马尔罕。"

---

① 撒马尔罕(Samarkande)，乌兹别克斯坦第二大城市。该城市有2500多年历史，是中亚地区最古老的城市之一。在突厥语里是"富裕之地"的意思，因为在古代，这里不仅是印度、波斯、突厥商旅交汇的要地，更是丝绸之路的必经之地。在西方人心目中，撒马尔罕是遥远的东方城市，具有神话般的神秘色彩。

毫无疑问：正是在试图逃避命运时，更有可能被命运抓个正着。毫无疑问：每个人都在寻找自己的死亡，而失控的行为是最成功的行为。毫无疑问：符号沿着无意识的道路向前走。所有这一切无疑都是到撒马尔罕赴约的真相，但并不能说明这段叙述的诱惑所在，该叙述恰恰不是一个真相的寓言。

令人惊愕的是这个不可避免的约会本来就不会发生，如果没有那次偶然的相遇，再加上死神那个偶然的手势，没有任何东西能诱导士兵到那里去，死神不由自主地做出了一个诱惑的手势。如果死神仅仅满足于将士兵召唤到位，这个故事就没有任何魅力，而在这里，一切都在这个无意间的手势上做文章。死神似乎并没有使用策略，甚至没有使用无意识的诡计，却一下子把握住了诱惑的意外深度，也就是说在旁边一闪而过的东西，把握住了那个正在游荡的死亡命令的符号，而参与的伙伴们却一无所知（不仅是士兵不知道，就连死神也不知道），把握住了那个随机的符号，在这个符号后面执行着另一道神奇或不祥的命令。这道命令给符号的运行轨迹赋予了一套妙语。

在这个故事中，谁都不应该自责——或许国王因出借了他的快马成了罪魁祸首。不对！在各行为主体的表面自由背后（死神可以自由地做个手势，士兵可以自由地逃跑），每个人都在遵循一条规则，而他们谁也不知道这是什么规则。这条游戏规则就像任何基本规则一样，应该保持在秘密状态中，因为死亡并不是一个天然事件，它必须通过诱惑才能完成，也就是说通过一种瞬间的不可破译的默契，通过一种符号，也许就是一个不会被破译的符号。

死亡不是一个客观的命运，而是一个约会。它自己也不得不去，因为它就是这个约会，就是形成游戏的符号与规则的、那个暗示性命令。死亡本身仅仅是一个无辜的元素，这就形成了对叙事的隐性讽刺。通过讽刺，叙事便区别于某个教化性寓言或某个关于死亡冲动的平庸故事，在我们身上引起一种妙语，进入崇高的快乐。叙事妙语在叙事中加强了死神的手势妙语，而两种诱惑，死亡的诱惑、故事的诱惑逐渐混为一体。

死神的诧异倒是更为迷人，是对不经意的安排的惊奇，事情就这样信步而行："这位士兵大概应该知道他明天必须去撒马尔罕，而他还在磨磨蹭蹭没有前往……"然而死神只做出一个惊讶的举动，似乎他的存在，还有士兵的存在，并不依赖于他们将在撒马尔罕相遇这个事实。他任凭事情自由发展，正是这种面对自己的从容不迫造就了他的吸引力——因此士兵不得不与他相聚。

在这一切中既没有无意识、没有形而上，也没有心理学，甚至没有策略，死神没有计划。死神用手势的偶然性纠正偶然性，他就这样做事，然而一切仍照章完成。没有什么东西不能够完成，然而一切却保持着偶然性的轻松，保持着难以觉察的举动，意外的相遇和无法阅读的符号的轻松感。诱惑就是这样我行我素……

此外，那位士兵前去与死神相会，原因就是他将一个意义给了一个本无意义的行为，一个本来与他无关的行为。他给自己戴上了某种并不是给他的东西，就像是为自己接受了一个微笑，而那微笑却悄悄从他左边滑过，冲向另外一个什么人。这才是诱惑的顶峰：不要有意义。被诱惑的人不由自主地陷入正在消失的符号中。

这是因为符号的意义被扭曲了，正是因为符号被"诱惑"，这个故事本身才更加诱人。只有当符号被诱惑时它们才变得更加诱人。

只有空白的符号，荒唐的、荒谬的、省略的、无参照的符号在吸收我们。

有个小男孩要求仙女给他想要的东西。仙女答应了，但提出一个条件，就是永远也不要想到狐狸尾巴的红颜色。"就这个呀，没问题！"他从容地回答道。他就这么快乐地走了。但是后来发生了什么事呢？他无法摆脱那个他以为已经忘记了的狐狸尾巴。他看到那尾巴到处出现，在脑子里、在睡梦里，到处都是尾巴的红颜色。尽管作了所有的努力，还是没有办法摆脱掉。这下他被困扰住了，时时被这一荒谬的形象所萦绕，尽管这个形象毫无意义，却坚如磐石，并因为他不能够摆脱它的恼火而增强百倍。这时，不仅他对仙女的承诺被抛到了脑后，而且他自己也失去了生活下去的兴趣。也许他已经死在某个地方，从来就没能从中解脱出来。

荒诞的故事，但具有绝对的真实性，因为这个故事凸现了无意义能指的威力，荒唐能指的威力。仙女非常狡诈（显然这不是一个善良仙女）。她知道人的理智无法抗拒咒语，必然会被意义轮空的地方所施咒。在这里，空白就像是狐狸尾巴的红颜色这种无意（因此孩子才会满不在乎）引发的空白。在别处，词语和举动的意义将通过连篇累牍和突出音步被清空：让意义疲劳，消磨它，弱化它，以便从零能指中，从空白词语中解放出来纯粹的诱惑——这便是礼仪魔术和咒语术的力量。

然而这也许就是虚空的直接迷惑，犹如深渊引起的生理眩晕，或像一扇向虚空开启的大门的隐喻性眩晕。"这扇门向虚空开启着。"如果这是写在一块指示牌上的文字，你能抗拒打开它的欲望吗？

朝向虚无的东西，人们有千百种打开它的理由。什么都不能说明的东西，人们有千百种永远不忘记的理由。任意的东西也是完全必要的东西。空白符号的宿命，虚空的旋进，空无意义的、义务式的眩晕，对必要性的激情。

这有点像是魔术的秘密（那位仙女是魔术师）。一个词的美德，它的"象征效率"，当它被吐向虚空时，当它没有语境没有参照时，当它具有成事性预言（或败事性预言）的力量时，就会达到最高程度。狐狸尾巴的红颜色就属于这个范畴。既不现实又无意识，却能强加于人，因为它什么都不是。如果仙女禁止那个孩子得到某样稍微重要的东西或具有意义的东西，那么孩子就能更好地从中解脱，他就不会不由自主地受到诱惑——因为诱惑他的不是禁止，而是引诱他的禁止的无意义。这样，难以置信的预言便自行实现，对抗着任何的逻辑，它们只需不通过意义行事就行。否则就不是预言。这就是魔法言语的巫术，这就是诱惑的施魅法。

因此，魔术和诱惑都不属于相信或让人相信的范畴，因为使用的都是没有可信度的符号，没有参照的手势语，其逻辑不是媒介的逻辑，而是任何符号的直接性,不管是什么符号。

不需要证据:每个人都知道,魅力就在众多符号的直接反光中——没有中介的时间,没有符号及其解码的法定时间。既不能相信,也不能做事,既不能欲求,也不能知道:话语的众多方式对它来说都很陌生,还有陈述和陈述行为的清晰逻辑。魅力总是属于宣告和预言的范畴,属于话语的范畴,而话语的象征效率既不通过解码也不通过信仰来实现。

对歌声、嗓音、香味的直接吸引。对香豹的吸引(德田纳《处死的狄奥尼索斯》[①])。古代人认为,豹子是唯一能散发香气的动物。它利用这种香气来捕捉猎物。它只需把自己藏起来(因为它的目光会吓倒猎物),利用香气将猎物迷倒——看不见的陷阱,猎物们一一前来就擒。不过,人们也可以将这种诱惑权力倒过来对付自己:用其他的香气和香料吸引它,并把它赶走。

然而说豹子用香气来行使诱惑,这话是什么

[①] 马塞尔·德田纳(Marcel Détienne, 1935—),比利时作家,比较人类学家和古希腊文化专家。作品有《希腊神的日常生活》、《古希腊的书写知识》、《处死的狄奥尼索斯》、《智慧的诡计》、《阿多尼斯的花园》等。

意思？在香气中受诱惑的又是什么？（此外，是什么让这个传说本身如此诱人？这个传说的香气又是什么？）在美人鱼的歌声中，在一张脸的美貌中，在一个深渊的深处，在灾难的临近中，就像在豹子的香气中，或在朝向虚空开启的大门中，是什么东西在诱惑？一种隐藏的吸引力，一种欲望的威力？空洞的词语。不对！对符号的取消，对其意义的取消，纯粹的外表。诱惑的双眼没有意义，它们会在目光中衰竭。化了妆的面孔会在外表上衰竭，在某种荒唐工作的严谨形式中衰竭。诱惑不应被视为意图，它是一种精湛绝美的功夫。

豹子的香气自身也是一种荒唐的信息——在香气后面，豹子是看不见的，就像化妆后的女人。人们同样也看不到美人鱼。施魅将藉由隐藏着的东西来完成。

眼睛的诱惑。最为直接、最为纯粹的诱惑。不需要词语的诱惑，只有目光交织在一场双人决斗中，一种即时的缠结，他人并不知情，还有他们的话语：一种静止和无声的亢奋的朴素魅力。当目光的美妙张力解开成词语或分解成爱抚动作后，就削弱了这种强度。在身体（及其欲望）的整个虚拟质量被归结为一个微妙瞬间时，就是这种目光的可触摸性。这就像一个妙语——享乐和肉欲的决斗，同时也是除去肉体的决斗——诱惑的眩晕的完美图样，此后就没有任何更为肉体上的享受能与之媲美。那些眼睛目光炯炯，然而就像投在你身上已经好久。这些目光没有意义，所以它们不是进行交流的目光。这里没有任何欲望，因为欲望是没有魅力的。而眼睛呢，它就像偶然的外表，具有它的魅力，而这种魅力由纯粹的符号构成，是超越时间的符号，双方决斗的符号，无深度的符号。

任何被吸收在一种整体默契中的体系，就像符号在其中不会有更多意义那样，都会通过这种方法施加非凡的迷惑权力。各种体系通过秘传方式进行迷惑，而秘传方式又保护它们不受外部逻辑的侵袭。通过自给自足或自我毁灭的东西对任何现实进行吸收真令人着迷。不管是一个思想体系或一个自动化机制，一个女人或一件完美而无用的物品，一片乱石沙漠或一位脱衣舞女（她必须自我抚摸、自行"施魅"，以便行使她的权力）——或上帝，他当然是最美丽的秘传机器。

或女人在化妆仪式中的完全不在场，目光的不在场，面孔的不在场——怎么能不被破坏呢？美丽就是自我废除在自身中的东西，由此形成了一种挑战，而我们只能通过某种……什么东西的耀眼的损失来战胜挑战，用不属于美丽的东西来战胜挑战。美丽对自身非常关心，通过这种关心所吸收的美丽立刻会变得具有感染性。因为过分重视自身，它就被拉出自身，而任何从自身拉出的东西会陷入秘密中，并吸收它周围的东西。

用虚空去吸引是诱惑的看家本领，这从来就不是符号的积累，也非欲望的信息，而是符号吸收中秘传的默契。正是在秘密中才形成诱惑，就在这个缓慢或冷酷的意义弱化中，在符号之间建立起一种默契。诱惑正是在这里被创造出来的，比在生理的生灵中或欲望的品质中更容易创造。这也正是造就游戏规则的魔法般的东西。

秘密与挑战

秘密。

诱惑和入门的品质,因为没有意义而不能说出的东西的品质,没有说出但仍在通行的品质。于是我知道另一人的秘密,但并不说破,他也知道我知道这个秘密,但并不捅破窗户纸:两人之间的紧张度并非他物,正是这个秘密的秘密。这种默契与一个隐藏的消息没有任何关系。此外,参与伙伴是否愿意揭开这个他们无法揭开的秘密,因为无任何话可说……所有可以被揭示的东西从秘密旁边溜过。因为它不是一个隐藏的能指,不是某样东西的秘诀,它从所有可说的东西旁通行和经过,就像诱惑在言语的海淫中散播一样——它是交际的反面,然而它是可以分享的。它以不被言说作为唯一代价而掌握它的权力,就像诱惑那样,以永远不被言说和不被需要而进行诱惑。

隐藏物和压抑物具有自我展示的天职,而秘

密压根就没有这种天职。这是一种入门和闭塞的形式,人可以进去,但不知怎么出来。永远没有揭示,永远没有交际,甚至永远没有秘密的"分泌"(赞普莱尼,《心理学新杂志》第14期):正是通过这一点,秘密掌握着它的力量,掌握着暗示和礼仪性交流的威力。

因此,在《诱惑者日记》中,诱惑具有一种需要解密的谜团的形式——年轻姑娘是个谜,要诱惑她,必须变成这个姑娘的另一个谜:这是一个谜一般的决斗,诱惑便是谜团的解,而且秘密也不需解开。解开的秘密,揭示真相,那是性欲的事。这个故事的真相,如果有的话,那就是性——然而这个故事恰恰没有真相。在意义需要到达的地方,在性需要到达的地方,在词语指称性的地方,在其他人想到性的地方,什么也没有。而秘密的这个乌有,诱惑的这个非所指(insignifié)在流通,在词语间传播,在意义下流传,比意义流传得更快:在句子来到你面前之前,在句子消失之时,你首先触及的就是这个非所指。话语下的诱惑,无形的诱惑,从符号到符号,秘密的循环。

这完全是一种心理学关系的反面:处在别人的秘密中。这并不是要分享别人的幻觉或欲望,并不是分享一个可能的非说(non-dit);当"本我"说话时,这恰恰不具有诱惑力。那些属于表达能力、压抑和无意识范畴的东西,那些想表白而且自我应该从中出现的东西,所有这些都属于外传范畴的东西,与秘密和诱惑的内传形式格格不入。

然而无意识,无意识的"探险"可以显示为最后一个大规模的企图,以便在一个无秘密的社会中重塑秘密。无意识将是我们的秘密,我们在一个坦白与透明社会中的奥秘。但又不是真正的奥秘,因为它仅仅是个心理学的秘密,并没有自身的存在,因为无意识与精神分析同时诞生,即与吸收无意识的程序和在深度形式中否定秘密的技术同时诞生。

然而也许有某样东西在报复所有这些解释,巧妙地干扰解释的进程?某样决意不想让人说破的东西,这是一个谜团,神秘地拥有它自己的决心,可以说它只想停留在秘密中,停留在秘密的欢乐中。

尽管付出了所有努力,想让秘密真相大白,想泄露秘密,想让秘密指意,但都是枉然。语言返回其秘密的诱惑中,我们总是回到我们那无法消解的快乐中。

不存在诱惑的时间,也没有为诱惑而设的时间,但是诱惑有自己的节奏,没有这个节奏诱惑就不可能发生。它并不像一个工具性策略那样进行自我分配，经历一些过程。它就在瞬间中进行，以一个动作进行，而且总是履行自己的目的。

诱惑的循环中没有停顿。人们可以通过诱惑这个女人而达到诱惑那个女人。还可以通过诱惑另一个人让自己快乐。从这个人到那个人所使用的诱饵都很巧妙。究竟是诱惑别人还是被人诱惑更具有诱惑力？然而被人诱惑也还是诱惑的最佳方法。这是一个无终结的诗节。在诱惑中，主动或被动位处同等，主体或客体、内部或外部也一样：它在两个坡面上做游戏，两个坡面之间没有任何界线。对任何人皆然，如果他没有被人诱惑，那他就不能诱惑其他人。

因为诱惑从来不停留在符号的真理上，而是停留在诱饵和秘密上，它开启了一种本身就是秘密和礼仪的流通方式，开始了一种只遵守自身游戏规则的即时通道。

被人诱惑，这就是偏离自身的真理。诱惑，就是使他人偏离其真理。这个真理从此形成了一种自身无法把握的秘密（万桑·德孔布）。

诱惑是可以立即逆转的东西，其可逆性由它所引发的挑战和它自毁的秘密所组成。

吸引和消遣的威力，吸收和蛊惑的威力，不仅在个别中存在性的坍塌的威力，还有在整体中的真实坍塌的威力，挑战的威力——从来就没有性和言语的经济，而只有恩典与暴力的竞价，一种性可以突然出现的瞬间激情。但这种激情也可以自行枯竭，枯竭在这个挑战与死亡的过程中，枯竭在这种根本的非定性中，诱惑由此区别于冲动。冲动在对象方面并不确定，但被确定为一种力量、一种起源，而诱惑的激情没有实质、没有起源：这不是某种里比多投资，某种欲望的能量，而是游戏的纯粹形式，是诱惑从中获得自身强度的竞价形式。

挑战也是这样。挑战也是一种在瞬间枯竭的二元形式，其强度来自于这种即时的转换。挑战也具有巫术魔力，就像一个空无意义的话语，由于这种荒谬的理由，人们不得不回应它。什么东西迫使我们回应挑战呢？这是同样神秘的提问：即什么东西在诱惑呢？

还有什么比挑战更具诱惑力的东西呢？挑战或诱惑总是让另一方发疯，但这是一种相互的眩晕——他们因聚集他们的、令人发晕的不在场而发疯，因一种互相的消耗而发疯。这便是挑战的不可避免性，为此人们不得不回应它：这是因为它开启了一种疯狂关系，与交际和交换关系决然不同的关系：通过荒谬的符号形成的二元关系，同时这些符号又与一种基本规则和对规则的秘密遵守紧密相连。挑战会中止任何协议，中止任何由规律（自然规律和价值规律）调节的交换，并以一种高度公约化和高度仪式化的公约取而代之，必须不停地回应和竞价，并由一个基本的游戏规则、根据自身节奏安排的规则统管着。与文本式规律相反，与写在目录中、人们心里或天上的规律不同，这种基本规则从来不需要宣布，它也不应该被宣布。它是即时的、内在的、不可避免的。（而规律是超验的和显性的）

不可能存在诱惑的契约，挑战的契约。要想有挑战或诱惑，就必须让任何契约关系在二元关系前消失。这种二元关系由秘密符号构成，这些符号来自交换，并从其形式的分享和直接的反光中获取其施放的强度。这也是诱惑的妖术，它会终结欲望的任何经济，性欲或心理的任何契约，用一个回应的眩晕取而代之——从来不是一种投资，而是一个赌注——从来不是一个契约，而是一个公约——从来不是个体的，而是二元的——从来不是心理的，而是礼仪的——从来不是自然的，而是人为的。这不是任何人的策略：而是一种命运。

挑战和诱惑非常非常相近。然而是否也存在

一点细小的差别呢？这就是挑战旨在将他人引向你力量所在的地盘上，这里同时存在他人的力量，以便进行一种无限制的竞价，而诱惑的策略（？）旨在将他人引向你衰竭的地盘上，这里也有他人的衰竭，计算好的衰竭。无法计算的衰竭：挑战别人前先来就范。缺陷或衰竭：豹子的香气自身不就是一种缺陷吗？不就是其他动物们因眩晕而正在靠近的一个深渊么？事实上，有神秘香气的豹子不过是死亡的震央，那些微妙的气息正好来自这种缺陷。

诱惑，就是使人脆弱。诱惑，就是使人衰竭。我们正是通过自身的脆弱来诱惑别人，而从来不通过强大的权力或符号。我们在诱惑中使用的就是这种脆弱，这也是给诱惑以威力的东西。

我们通过自己的死亡诱惑人，通过自己的脆弱性和困扰我们的虚空诱惑人。秘诀就是要善于玩弄这种死亡，在缺乏目光、缺乏行为、缺乏知识、缺乏意义的情况下玩弄死亡。

精神分析学说：承担自己的被动性，承担自己的脆弱性，然而精神分析学将它们变成了屈服的形式，接受的形式，用的几乎还是宗教的词语，倾向于一种非常温和的心理平衡。而诱惑呢，它得意地玩弄着这种脆弱性，把它变成了一场游戏，并且制定游戏的规则。

一切都是诱惑,一切都不过是诱惑。

人们曾经想让我们相信一切都是生产。改造世界的主题:正是生产力的游戏调节着事物的进程。诱惑仅仅是一个不道德的程序,一个轻浮的、表面的和多余的程序,它属于符号与外表的范畴,注定要享受快乐和无用身体的用益权。如果一切都与外表相反——根据外表的秘密规则行事——如果一切都走向诱惑会怎么样呢?

诱惑的时刻

诱惑的悬空

诱惑的随机

诱惑的事故

诱惑的狂热

诱惑的休憩

生产仅仅是在积累,它不能摆脱其结果。它用一个诱饵代替所有的诱饵:它的诱饵,并且成为现实的原则。生产犹如革命,它结束了外表的传染病。然而诱惑却是不可避免的。活着的任何人都逃脱不了——甚至死后的人在他们的姓名和回忆中也不能幸免。只有当来自世界的任何回声不再诱惑他们时，只有当任何礼仪不再挑战他们的存在时，他们才能真正死去。

对我们来说，真正死亡的人就是那个再也不能生产任何东西的人。实际上，真正死亡的人就是那个再也不想作任何诱惑的人，或说不想被人诱惑的人。

然而诱惑还是不顾一切抓住这个人，就像它抓住任何生产那样，最终将其消灭。

因为空白，即是由任何符号之火的回归在任何点上开挖的不在场，亦是突然形成诱惑的魅力的荒谬性。这个空白，它也是在努力之后期待生产回报的空白，但已经是祛魅的空白。一切都转向空白，包括我们的言语和行为，不过有些言语行为在消失前，还有时间先于结束而施行一种诱惑，一种其他言语行为永远望尘莫及的诱惑。诱惑的秘密就在这种对他人的回忆和召唤中，通过缓慢的动作、诗意般的悬空动作，就像电影中的缓慢落下或一种慢镜头式的爆炸。因为有某样东西在其完成前，有时间让你想起它。倘若有一种完美，这就是"欲望"的完美。

女性诱惑者的肖像

诱惑的棱镜效应。折射的另类空间。诱惑并不在于简单的外表,不在于纯粹的不在场,而在于在场的隐没。它的唯一策略就是:在那里或不在那里,以此保证一种闪烁方式,一种催眠装置,在任何意义效果之外凝结注意力。不在场在此诱惑在场。

女性诱惑者的最大威力:她"隐没"任何的语境,任何的意志。她若要建立其他的关系,即使是很亲近的关系,如情感关系、爱情关系或两性关系——尤其是不得有两性关系——就不得不打破这些关系,不得不将它们转换成一种奇特的蛊惑。她不停地回避在某一时刻肯定会提出真相问题的所有关系。她轻而易举地弄乱这些关系。她并不否定它们,不摧毁它们:她让这些关系闪烁发光。整个秘密就在这里:在某个在场的闪烁中。永远不在人们认为她所在的地方,永远不在人家想要她所在的地方。正如维里利奥①所说,她完全是一种"消失美学"的化身。

她让欲望本身像诱饵那样运作。对她来说,没有欲望的真相或身体的真相,也没有其他任何东西的真相。爱情本身和性行为可以重新变成诱惑的特征,只要它们重新进入出现或消失的食相形式,也就是说进入特征的断续中,这个特征将利索地切断任何的情感、任何的快乐、任何的关系,以便重新肯定诱惑的高级要求,诱惑的超越式美学,正视快乐与欲望的内在伦理。爱情本身和肉体行为是一种诱惑的装饰,是女人为诱惑男人而发明的,最为细腻、最为巧妙的装饰。然而廉耻和拒绝可以发挥同样的作用。在这个意义上,一切都是装饰,即外表的工程。

"我想要的不是爱你,宠你,也不是让你喜欢我;而是诱惑你——这不是你爱我或我爱你的事;而是让你受诱惑。"在女性诱惑者的游戏中有一种精神的残酷,对她自己来说也一样。任何恻隐之心在面对这种礼仪性要求时都是弱点。在这个挑战中没有恻隐之心,欲望和爱情都会挥发消失。也没

---

① 保罗·维里利奥(Paul Virilio,1932—),法国当代哲学家、建筑学家、影评家。有人说他是当代最激进而坦率的"后现代解密者"。作品有《速度与政治》、《负面视野》、《视觉机器》、《消失的美学》、《沙漠的屏障》、《信息炸弹》、《失望的策略》等。

有喘息：这种蛊惑不能够停止，否则会变得什么都不是。真正的女性诱惑者只能处于诱惑状态中：除此之外，她不再是女人，既不是欲望的对象也不是欲望的主体，她没有面孔，没有诱惑力——因为她唯一的激情就在这里。诱惑是至高无上的，这是隐没所有其他事物的唯一仪式，然而这绝对权威非常残酷，要付出残酷的代价。

因此在诱惑中，女人没有特定的身体，没有特定的欲望。那么身体是什么？欲望是什么？女人并不相信身体和欲望，但是她却玩弄这种游戏。由于没有特定的身体，她就将自身变成纯粹的外表，人造的建筑，他者的欲望将前来就范。整个诱惑就在于让他人相信，他是而且继续是欲望的主体，而诱惑自身不会落入这个陷阱。诱惑也可以将自己变成"诱人"的性对象，前提是男人的"欲望"是这种欲望：诱惑完全可以穿越"诱惑性"——诱惑的魅力可以穿越性的诱惑力。确实如此，它会穿越并且超越性的诱惑力。"我只有诱惑力，而你有很多魅力"——"生命有它的诱惑力，而死亡有它的魅力。"

对于诱惑而言，欲望不是一个目的，而是一个假设的赌注。更准确地说，其赌注就是欲望的激发与失望，没有其他真相，只有闪烁发光和陷于失望的真相——欲望本身也滥用自己的淫威，给它这个威力也正是为了剥夺这个威力。它甚至不知道在它身上将会发生什么。因为诱惑的女人或男人可能会真的爱上他人或想要点什么，剩下的就是在深层次上（或者可以说在表面上，在外表深渊的表面的深渊中）玩弄另一个游戏，而游戏的双方却互不认识，欲望的主角不过是一些配角而已。

对诱惑而言，欲望是一个谜。如果欲望是威力和占有的意志，诱惑就会通过拟像在它面前树立一个同等威力的意志，正是通过外表的网络，诱惑激发了这种欲望的假设威力，并且驱除这种威力。同样，对克尔凯郭尔笔下的诱惑者来说，年轻姑娘的天真魅力，其自发的色情威力仅仅是一个谜，真实情况就是为消灭它而激发它（他也许喜欢她，想要她，然而是在别处，在诱惑的超肉欲空间中，年轻姑娘不过是一种被牺牲的神秘形象），因此男人欲望的威力是一个谜，女性诱惑者就在这个谜团上做文章，召唤它又废除它。而男性诱惑者的招术，针对妙龄姑娘的神秘魅力的招术，完全与女性诱惑者人工建造男人身体的招术相同，后者针对的则是男人的神秘欲望——在任一情况下，目的就是要将这种神秘威力削减到乌有，不管是魅力的威力或是欲望的威力。诱惑总是针对某种威力的可逆性和祛魅术。如果诱惑是人为的，它也是牺牲式的。事关死亡的大事,必须时时截获或祭献他者的欲望。

诱惑则恰恰相反,它是不朽的东西。女性诱惑者想让自己不朽,就像那位女精神病人,永远年轻,没有明天,看她所处的失望和绝望程度,看她那种游戏的残酷程度,不禁令所有人惊骇不已。然而她恰恰能从中存活下来,因为她处在心理之外,意义之外,欲望之外。让人们疲劳甚至丧命的东西,就是人们给予自己行动的意义——不过女性诱惑者不给自己所做的事情以任何意义,她不能承受欲望的重量。即使她设法给自己一些理由,一些有罪的或讽刺的动机,那还是一个陷阱——而她的最后一个陷阱便是请求人们阐释,她会说:"请告诉我我是谁",而实际上她什么也不是,对她是什么人们并不在意,她是一个内在的、古老的和没有故事的人,她的威力恰恰就在于她在那里,持讽刺态度却又不可捉摸,对自身的存在盲目无知,却完全了解理性和真相的所有措施。其他人正好需要这些措施,以保护自己不受诱惑的攻击,即使在这些措施的庇护下,如果舍不得使用它们,这些人将会不停地受到诱惑。

"我是不朽的女人",也就是从不停息的人。也就是说游戏从来都不应该停止,这甚至就是基本规则。因为正像一位玩家不可能比游戏本身更加伟大一样，任何女性诱惑者都不会比诱惑更加伟大。任何爱情波折或欲望波折都不应该突破这条规则。必须有爱才能诱惑，反之则不然。诱惑是一种装饰，它会装扮或拆卸外表，就像珀涅罗珀①边织边拆她的织物那样，欲望本身也在她的手中边织边拆。因为正是外表在命令一切，这就是对外表的控制。

这种基本的形式，这种与诱惑及其规则紧密相联的威力，任何女人都从来没有被剥夺过。而女人的身体，是的，还有她们的快感，她们的欲望和权利，她们曾经被剥夺过。然而在这种隐没的可能性中，在消失和诱惑性显露的可能性中，在隐没其"主人"权力的可能性中，她们从来都是女主人。

再说，有没有一种诱惑的女性形象？有没有一

---

① 珀涅罗珀(Pénélope)，希腊语为 Pēnelopē，奥德修斯之妻。在荷马史诗《奥德赛》中，奥德修斯的妻子、美丽的海伦的堂妹珀涅罗珀被描写为夫妻忠诚的典范形象。海伦遭诱拐后，奥德修斯踏上征战特洛伊的历程，一走便是二十年。在此期间，珀涅罗珀独自操持伊塔卡王国的政务，抚养倔强不驯的儿子。为摆脱一百多个求婚人的纠缠，她想出个缓兵之计，宣称等她为公公织完一匹做寿衣的布料后就改嫁。于是，她白天织这匹布，夜晚又把它拆掉。就这样织了拆，拆了又织，没完没了，拖延时间，以等待丈夫归来。西方典故中称之为"珀涅罗珀的织物"。

种诱惑的男性形象？或者有一种唯一的同样形式，其可变形式可能会结晶在这个或那个性别上？

诱惑在两极之间摇摆：策略和动物性之间——从最为精明的计算到最为粗鲁的生理暗示——其形象对我们来说将是男性诱惑者和女性诱惑者的形象。但是这种分割是否只涵盖了一个唯一的轮廓，即没有分割的诱惑的轮廓？

动物的诱惑。

只有在动物界，诱惑才拥有最为纯粹的形式，意思是说动物们的诱惑装饰像是铭刻在本能中，像是即刻定型在条件反射行为和自然的装饰中。然而这种装饰仍然完全是礼仪性的。确实，使动物成为世界上最没有自然特征的生灵的东西，就是在动物身上，其招术、虚情假意效果及装饰效果显得最为天真。正是在这个悖论的中心，在自然与文化区别被废除在装饰理念中的地方，展开了女性气质和动物性的类比游戏。

如果说动物具有诱惑力，这不就是一个活生生的计策么？一个嘲笑我们人类企图的鲜活策略？如果说女性具有诱惑力，不就是她也挫败了任何到达深度的企图么？无价值的诱惑力与动物的诱惑力基本相同。

动物身上诱惑我们的并不是它的"自然"野性。此外，动物性的特征真是它的野性吗？是一种高度的偶然性，不可预见性，本能的冲动，或相反，是一种高度的行为仪式吗？这个问题在原始社会中就出现了，可以看出，这个社会与动物界相去不远，而在这一意义上，动物界确实如此：即动物都不太了解一种规律，面对调节形式无法高度遵从，无论是在它们与其他动物的关系中，或是在与人类的关系中，或在与它们所在领地的关系中，情况都是这样。

直到在它们身体的装饰，在对其跳跃行为的装饰中，动物的优雅自一个偌大的遵从网络、规则和类比体系中浮现，使动物走向自然偶然性的反面。所有与动物相关的威信属性都是一些礼仪特征，它们的"自然"装饰与人类的人工装饰完全一致，况且人类总是想在礼仪活动中将自然装饰据为已有。如果说面具首先就是动物，并偏向于动物，那是因为动物首先是一种礼仪面具，首先是一种符号游戏和装饰策略，就像在人类各种礼仪中那样。动物的外形，它们的毛皮，它们的羽毛，就像它们的行为与跳跃一样，是礼仪效率的模式，也就是说是一个从来没有功能（繁殖、性事、生态、模仿：功能主义修改和校正过的动物生态学的异常贫乏）的体系，这首先是一种威信的仪式，控制符号的仪式，一个诱惑的循环，意思是说各种符号不可抗拒地相互围绕着，就像磁力重复出现那样自我复制，符号的出现则导致意义的丢失和眩晕，在参与者之间加封一个经久不衰的公约。

普通的礼仪性是一种比社会性更为高级的形式。社会性仅仅是组织和交流的、较近出现的一个形式，是人类在自身之间创造的缺乏诱惑力的形式。礼仪性则是一个更为广泛的体系，包括活人和死人，还有动物，甚至不排除"大自然"，大自然的周期过程、重复现象和自然灾害似乎自然而然地充当着礼仪符号。而面对的社会性则显得非常贫乏，它只能在法则符号下去结合一个物种（且力不从心）。礼仪性不根据法则行事，而是通过规则和无止境的类比游戏去行事，能够成功地保持一种循环的组织形式和普遍的交流形式，这是法则和社会性没有能力做到的事情。

如果动物讨我们喜欢并且诱惑我们，那是因为动物对我们来说是这个礼仪组织的回声。这不是动物在我们身上引起的对野性的留恋，而是对动物装饰的轻盈和戏剧效果的留恋，对礼仪形式的一种策略和一种诱惑的留恋，这种礼仪形式超越任何的社会性，诱人更加着魔。

正是在这个意义上，人们才可以谈论一种诱惑的"动物性变化"，可以谈论女性诱惑，说它是动物的诱惑，而且还不会把女性诱惑逆转为一种本能属性。因为这就是说女性诱惑在深层次上参照于一个身体礼仪,其要求就像对待其他任何礼仪一样,并不是要建立一个本质,为身体礼仪找到一条规律,而是要调整外表,组织外表的循环。这并不是说女性诱惑在伦理上低人一等,而是说它在美学层次上高人一等。它是一个装饰性的策略。

在男人身上进行诱惑的从来不是自然的美丽,而是礼仪的美丽。因为礼仪的美丽具有秘传和入门的特征,而自然的美丽只有表达的特征。因为诱惑就处在秘密中,即人为招术的轻盈符号所保持的秘密,诱惑永远也不会处在意义的自然结构中,处在美丽或欲望的自然结构中。

否认解剖和身体作为一种命运,这种想法由来已久。在以前的所有社会中,这种否认是很辛辣的。礼仪化、仪式化、异样打扮、戴面具、截肢、素描、折磨——都是为了诱惑:诱惑上帝,诱惑幽灵,诱惑亡灵。身体是这个伟大诱惑事业的第一个伟大载体。正是为了我们,诱惑才拥有一种美学和装饰的风采(而它一下又在深层次上被完全否定:对身体的任何魔力的精神否定将会在考虑装饰时起到效果。对野蛮人和对动物都一样,这仅仅是一种装饰:这是一种打扮。这是普遍的规则。正如卡杜浮人①所说，那个没有画脸的人是傻瓜）。

形式对我们来说可能会令人作呕：用泥巴涂抹身体的初级形式，墨西哥让脑壳变形或锉磨牙齿的形式，中国妇女裹脚的形式，拉长脖子和切开脸部的形式，更不用说那些纹身、衣服装饰、礼仪画、首饰、面具，直到现代波利尼西亚人用罐头铁皮做的手镯。

强迫身体去指意，但使用的却是一些没有严格意义的符号。任何相像都已经消失，任何表现手法都不在场。在身体上加上一层外表，一些诱饵，几个陷阱，动物的滑稽模仿，牺牲的拟真，不是为了遮盖——也不是为了揭示任何一样东西（欲望、冲动），也不是简单地为了玩耍或快乐（童年或原

---

① 卡杜浮人（Caduvéo），南美马雅人在巴西的后代。列维-斯特劳斯在《忧郁的热带》中指出，这个印地安部落的妇女在集体仪式中使用一种线条整齐对称、图案相当复杂的脸部装饰，通过社会仪式在人们心理中产生某种神秘的符咒作用。这种线条对称的脸部装饰使本族人产生某种幻想，希望他们社会中的等级制度、妇女和青年人的卑下地位、各种社会冲突都可以像妇女们面部的装饰，得到巧妙而完美的解决。于是个人愿望在社会仪式化行动中找到了一种想象性的满足途径，而那些本身不可克服的现实社会矛盾则通过这类象征性的表现，在个人心理上得到了想象中的解决，人们的愿望也由此得到象征性的实现和宣泄。

始人的自发表达）——而是通过一种阿尔托①所说的做法：对世界的存在发起牺牲式挑战。因为任何东西都不是自然存在的，一切都是因针对它的挑战而存在，它必须应对这个挑战。只有通过挑战才能激发和复苏世界的威力，包括神灵在内，只有通过挑战才能驱除神灵，诱惑神灵，捕捉神灵，才能复活游戏和游戏规则。为此就需要一种人为的竞价，也就是说一种系统的拟真。这种拟真既不考虑世界的预先状况，也不考虑身体的生理或解剖。拟真的根本玄学。甚至不考虑"自然"的和谐——在卡杜浮人的面部画中，脸部特征并没有得到尊重：图画从头到尾强加了自己的图案和人为的对称（我们的化妆则服从身体的参照线条，为的是突出面部线条和孔窍；这种化妆是否因此而更接近于自然或欲望呢？谁也没有把握）。

---

① 安托南·阿尔托（Antonin Artaud，1896—1948），全名 Antoine Marie Joseph Artaud，法国诗人和作家。他曾经创造了"残酷戏剧"的概念，主张戏剧应该是残酷的，应该表现"生的欲望、宇宙的严峻及无法改变的必然性"。戏剧最重要的表现手段已不再是舞台对白，而是形体语言，通过形体语言表达有声语言无法表达的东西。作品有《虚境之脐》、《艺术与死亡》、《生存的新启示》、《戏剧及其重影》、《凡高，社会的自杀者》、《戏言者阿尔托》、《长眠于此》、《结束上帝的审判》、《伊维里记事》、《罗德兹新作品集》、《返回巴黎记事》、《帮凶与求情》、《罗德兹记事》等。

这种外表的根本玄学的某种东西，这种通过拟真进行挑战的某种东西，还存活于各个时代的化妆艺术中，存活于现代化妆和时尚的华丽中。教会的教父们早就发现了这一点，将化妆痛斥为魔鬼的行为："照看自己的身体，照料它，打扮它，这就是把自己当作上帝的竞争对手，怀疑上帝的造物。"从那时起，这种谴责从未停止过，不过它已经反射到另一个宗教中，即主体的自由和欲望的本质。因此，我们的整个道德就是拒绝这种做法，即通过面部和身体的人为打扮使妇女成为性的对象。这不再是上帝的审判，而是现代意识形态的行政命令，它谴责妇女在消费的女性气质中的卖淫，以自己的身体委身于资本的再生产。"女性气质是妇女被异化的存在。""女性气质表现得像一个抽象的总体性，没有任何属于它自身的现实，它是话语秩序和广告修辞的总体性。""痴迷于美丽面具和嘴唇永远湿润的女人，她不再是自己真实生活的生产者"，如此云云。

与这些虔诚的话语相反，我们应该重新赞扬性的对象，因为性对象在外表的复杂性中重新找到某种挑战的东西，去挑战世界和性欲的天真秩序，还因为性对象是唯一能摆脱这种生产秩序的东西。人们宁愿相信这个对象已经屈服，以便重新进入诱惑的对象中。正是在性对象的非现实中，在通过符号对卖淫进行的非现实挑战中,性对象才能走向性欲之外,到达诱惑的境地。性对象重新变成一种仪式。女性在过去任何时候都是这个礼仪的肖像。再者,还存在一种非常可怕的混淆,即试图将作为崇拜对象的这个女性世俗化,将它变成一个生产主体,试图将它从人为招术中提取出来,归还给自身欲望的自然物。

> 女人完全有这种权利,甚至可以完成一种义务,致力于表现魔力和超凡能力;她必须令人惊奇,显示魅力;作为偶像,她必须给自己镀金,以便让人喜爱。她应该向所有艺术借用方法,自我提升到自然之上,以便更好地控制心灵,震慑众生。其诡计或招术是否众人皆知,这无关紧要,只要成功得到保证,只要效果不可抗拒。正是基于这种考虑,从事哲学的艺术家将轻而易举地找到所有方法的合法性,在任何时代,妇女们使用这些方法来巩固,甚至可以说神化她们那脆弱的美貌。例子不胜枚举;我们仅仅局限在这个时代普遍称作化妆的范围内,有过米粉的使用——天真的哲学家曾经斥责过的幼稚的做法。使用米粉的目的和结果就是让脸上的黑斑消失,即大自然粗暴地播撒在面颊上的黑斑,从而在米粒和皮肤颜

色之间创建一种抽象的统一性。这种统一性就像运动衫所产生的统一性,立刻将人类生灵和雕像拉近,即靠近一个高级的神灵。至于围绕眼睛的人工黑圈,涂抹在面颊上的红粉,尽管其使用方法出于同一原理,出于超越自然的同一需要,但是它的结果却是为了满足一种完全相反的需求。红与黑代表着生命,一种超凡和过度的生命;这个黑框会让目光更加深邃,更加特别,给眼睛一种更加确定的窗户般的外表,一个向无限敞开的窗户;红色能让面颊泛红,增加眼珠的明亮,给一位女性漂亮的脸蛋增添一种女祭司的神秘激情。

(波德莱尔,《赞化妆》)

如果有欲望——这是现代性的假设——那么任何东西都不应该打破自然的和谐,而化妆就是一种伪善。如果欲望是一种神话——这是诱惑的假设——那么就没有任何东西禁止这个神话玩弄所有符号,而且不受自然性的限制。符号的威力就在它们的出现和消失中,它们正是用这种方式抹掉世界。化妆也是一种废除面孔的方法,用最漂亮的眼睛来废除眼睛,用最鲜红的嘴唇来消除嘴唇。这种波德莱尔所说的"将人类生灵靠近神灵的、抽象的统一性",这种"超凡和过度的生命",正是这个简单的人工特征的效应,它废除了任何的表达形式。人为招术并不是在主体的存在中异化主体,而是以神秘的方式异化主体。它操作的这种变容是女人们在镜子前面所经历的变容。在镜子前,她们只有将自己彻底消灭才能给自己化妆,而且在化妆的同时,她们得到的将是一个除去意义的生灵的纯粹外表。通过怎样的错误才能将这种"过度的"操作混同于对真相的普通掩盖呢?只有虚假才能异化真实,但是化妆不仅是虚假,它比虚假还要虚假(就像穿异性服装者的游戏),通过这种方法,化妆获得一种高级的清白,一种高级的透明——自身表面的吸收,对任何表达法的吸收,没有一点血迹,没有一点意义的痕迹——残酷,无疑还有挑战——那么谁被异化了呢?被异化的就是那些不能承受这种残酷的完美的人,那些只能用精神反感来保护自己的人。然而所有人都混为一体。活动或呆板的化妆,怎样回应纯粹的外表呢?也只有承认它的最高权威。卸妆,揭去那层面纱,催促外表消失?荒唐!这是破坏圣像者的空想。图像背后没有上帝,而图像涵盖的虚无本身也应该保持在秘密状态中。诱惑,蛊惑,所有想象的伟大部署的"美学"光芒都在这里:就在对任何行为体的抹除中,即使是面孔的行为体也罢,就在对任何实质的抹除中,即使是欲望的实质也罢——就在对人工符号的完善中。

最佳的范例无疑是在唯一大型的集体星座中,这是当今时代所产生的暗藏诱惑的星座:电影明星和偶像的星座。然而明星是阴性①的,不管她是男人还是女人。因为如果说上帝是男性,但其创造的偶像总是阴性的。在这里,女人曾经是最伟大的人。她们不再是欲望的生灵,不再是鲜活的肉体,而是跨性别超肉体的生灵。在她们身上,凝结了这种无价值的滥用和这种严格的礼仪,将女人变成了一代神圣的魔鬼,具有一种竞争性吸收的威力,并且与现实世界的生产实力相等。我们的唯一神话就在这个时代中,它不能产生诱惑的、伟大神话或伟大形象。

电影只是通过它的神话才变得强大。而它的故事,它的现实主义或想象,它的心理学,它的意义效果,这一切都是次要的。只有神话是强大的,而在电影神话的中心就有诱惑——一个伟大的诱惑形象的诱惑,女人或男人的(尤其是女人)诱惑,

---

① 法语名词有阴阳性之分。"明星"这个词借用于英语的星星(Star),但给它冠以阴性形式,所以不管是男人还是女人出了名,都被称作(具有女性内在特质的)"明星"。

与电影形象的捕捉威力和诱惑力相连的诱惑。奇迹般的连接。

明星没有任何一点理想或崇高生灵的东西:她是人为的明星。她只能让生灵变成心理学意义上的女性演员:她的面孔不是心灵和感情的反映:她没有这种反映。相反,她在这里正是为了破坏任何的感情、任何的表达,只有对虚空的唯一的礼仪式迷恋,只有迷醉的目光和无价值的微笑。明星正是在这里到达神话的境地,进入牺牲式谄媚的集体礼仪。

承担电影偶像,充当大众神灵,这曾经是而且仍然是我们现代伟大的事件——如今仍然在平衡所有的政治事件或社会事件。将其参照于某个受蒙蔽的大众的想象将无济于事。这是一个平衡整个生产事件的诱惑事件。

诚然,大众时代的诱惑不再是《克莱芙王妃》的时代,也不再是《危险的关系》或《诱惑者日记》①的时代,甚至不再是古代神话形象的时代,这些形象无疑是所有已知故事中最富含诱惑的形象——但这是热的诱惑,现代偶像的诱惑则是冷的

---

① 《克莱芙王妃》(*La Princesse de Clèves*),法国女作家拉法耶特夫人(Madame de La Fayette,1634—1693)的小说;《危险的关系》(*Les Liaisons dangereuses*),法国作家德·拉克洛(Pierre Choderlos de Laclos, 1741—1803) 的小说;《诱惑者日记》(*Journal du Séducteur*) 为克尔凯郭尔的作品。

诱惑，位于大众冷媒体和图像冷媒体的交界处。

这种诱惑具有恒星光谱的白色，正像它们被美妙命名的那样。在当今时代，大众只被两种事件轮流"诱惑"：明星的白光和恐怖主义的黑光。这两种现象具有很多共同的东西。就像恒星那样，明星或恐怖行动都会"闪烁"：它们并不照亮，并不发出一种持续的白色光线，而是一种冰冷的、断续的光线。它们一边让人绝望，一边又让人亢奋，以突然的出现和迫近的消失来蛊惑人们。它们会自行隐没在永久的竞价中。

伟大的女性诱惑者或伟大的明星从来不通过自己的才华或才智发出光芒，她们通过自己的不在场发光。她们通过自己的无价值和冷峻来发光，这就是化妆和礼仪呆板（据麦克卢汉①所说，仪式是冷的）的冷峻。她们使巨大的冰冷程序变形，以此抓住意义的世界，这个世界将被控制在符号与图像的闪烁网络中——然而同时，在这个历史的确定时刻，在一个不再重新出现的状况中，她们将意义世界置入诱惑的效果。

电影从来就是通过这种纯粹的诱惑、通过无

---

① 麦克卢汉（Herbert Marshall McLuhan, 1911—1980），加拿大哲学家和社会学家，二十世纪原创媒介理论家。作品有《理解媒介》、《地球村的战争与和平》、《文学的声音》、《从眼睛到耳朵》等。

意义的纯粹振动来放射光芒——这种热的振动,尤其因为它来自于冷峻而显得更为美丽。

人为招术和无意义:这就是偶像的秘传面孔,就是它的入门面具。清除了任何表情的面孔的诱惑,至少是清除了礼仪式微笑,清除了相当公约性的美丽。白色的面孔,惨白的符号,这些符号注定带有礼仪化的外表,而不再遵从指意的深层规则。偶像的贫瘠众人皆知:偶像不会自我复制,而是每次死灰复燃,就像凤凰涅槃,或从它们的镜像中复活,就像诱惑的女人。

这些伟大的诱惑性肖像就是我们自己的面具,就是我们的复活节岛①雕像。然而我们不应弄错:如果说历史上曾经有过热爱、宗教热情、牺牲和反抗的、热的人群,现在就有诱惑和迷惑的、冷的人群。他们的肖像是电影的肖像,是另一种牺牲的肖像。

明星的死亡仅仅是对礼仪式偶像崇拜的惩罚。她们必须死去,她们大概已经死亡,她们必须死去才能完美,才能表面化——在化妆术中也一样。然而这不应该迫使我们采取消极的精神发泄。

---

① 复活节岛(Île de Pâques,西班牙语为 Isla de Pascua)。位于东太平洋,是一个距智利3600多公里的三角形小岛,也是地球上最孤独的一个岛屿。在人类学界,复活节岛一般被称为"拉帕努伊岛"(Rapa Nui),意为"石像的故乡",因为岛上遍布着近千尊神秘的巨石人像。

因为在唯一的不朽背后,即在人为招术的不朽背后,有一个由明星体现的思想,即死亡本身通过其不在场发光,它可以在发光和表面的外表中自行解决,它是一个诱人的表面……

男性诱惑者的讽刺策略

如果说诱惑性女人的特点就是给自己一个外表,以便在外表上制造一种混乱,那么另一个形象,即男性诱惑者的形象又是怎样的呢?

他也让自己成为一种诱饵,以便制造混乱,然而奇怪的是,这个诱饵将以计算的形式出现,装饰在这里将诱饵让给了策略。如果说女人的装饰明显是一种策略性装饰,那么男性诱惑者的策略难道不是正好相反,是一种计算的装饰么?通过这种计算,他可以保护自己对抗相反的某种威力。装饰的策略,策略的装饰……

对自己过分自信的话语——其中就有爱情策略的话语——必须以另样的方法被阅读:在十分"理性"的策略下,这些话语仍然只不过是某种诱惑命运的工具,他们既是这个命运的受害者,又是其始作俑者。男性诱惑者自己最终不是也要迷失在自己的策略中,正像消失在某个激情的迷宫里么?他发明这个迷宫,不是正好让自己迷失其中么?而他自以为是游戏的主人,难道不是其策略的悲剧性神话的第一个牺牲品么?

克尔凯郭尔笔下那个男性诱惑者对年轻姑娘的顽念。对这个未受侵犯、仍然无性的阶段的顽念,这个阶段就是优雅与魅力的阶段——因为这是一个优雅的生灵,在他眼里应该看到优雅。像上帝那样,她掌握着一种无法比拟的特权——她成为某种挑战的凶猛赌注:她必须受到诱惑,她必须被毁灭,因为她在本性上具有诱惑的天分。

男性诱惑者的天职就是要消灭女人或姑娘的这种自然威力,通过一种坚定不移的事业去赶上或超过他人,通过一种相等或更高的人工威力去平衡自然威力。尽管所有的外表都将他变成了诱惑者,但他还是从一开始就因这个自然威力而死亡。男性诱惑者的目的地,他的意志,他的策略,正好回应年轻姑娘那优雅而诱人的宿命,以便驱除这个命运,这个命运因它的无意识特征而显得更加强大。

决定权不能留给大自然:这是根本的赌注。这种非凡的优雅,先天而不道德的优雅,就像那个被诅咒的部分（la part maudite）①，必须通过男性诱惑者的事业牺牲掉和祭献掉。男性诱惑者通过深奥的战术将这种优雅一直带向色情的遗弃状态，在那里，优雅不再是诱惑的威力，也就是说不再是危险的威力。

因此，男性诱惑者一文不值，诱惑的整个起因都在姑娘身上。因此约翰可以说什么也没有发明，一切都是从柯德莉娅②那里学来的。这里没有任何虚伪之处。计算的诱惑是自然诱惑的镜子，它在镜子中补充能量，就像在自身起源中那样，但这是为了更好地消灭自然的诱惑。

因此，男性诱惑者没有给姑娘留下任何机会，没有在诱惑游戏中给她留下任何主动性，她似乎是这个游戏的无防卫能力的对象。因为属于她的完整一局在男性诱惑者的游戏开始之前就已经终局了。一切在这之前就已经发生，而诱惑的事业只是在降低一种自然的亏损，或消除一个已经存在

---

① 被诅咒的部分，出自法国哲学家巴塔耶（Georges Bataille，1897—1962）的同名作品《被诅咒的部分》（*La part maudite*）(1949)，特指经济领域内过剩的能量。巴塔耶认为，任何活的机体都会接收到超过其实际需要的能量，而机体一旦达到它增长的极限，就会被迫损失它的利润，消耗过剩的能量。游戏、庆典、牺牲、色情、首饰价值，还有态度和行为等，从经济角度来看，都属于"被诅咒的部分"。

② 约翰（Johannes）、柯德莉娅（Cordelia）都是克尔凯郭尔《诱惑者日记》中的人物。

的挑战，由姑娘的自然美丽和优雅构成的挑战。

诱惑于是改变了意义。从一种损害美德的不道德和放荡的事业，从一种以性欲为目的（这没有多大意义）的无耻欺骗，诱惑变得神秘莫测，具有一种牺牲的维度。因此它轻而易举地得到"受害者"的赞同，可以说受害者通过放弃神灵的命令而服从它，而神灵的命令要求任何威力都是可逆的和可牺牲的，不管是权力的威力，还是诱惑的自然威力，因为任何威力，而且首先是美丽的威力，它都是一种巫术。柯德莉娅是至高无上的，她献身于自己的最高权力。象征交换的致命形式，这就是牺牲的可逆性，它不放过任何形式，既不放过生活本身，也不放过美丽或诱惑，而诱惑又是最危险的形式。在这个意义上，男性诱惑者就不能自誉为任何色情策略的英雄，他仅仅是一个远远超越他自身过程的祭献操作员。而受害者呢，她也不能自誉为清白者，因为作为处女，既美丽又秀色可餐，她本身就构成了一种挑战，这种挑战只能通过死亡（或通过诱惑，与谋杀相等的诱惑）达成平局。

《诱惑者日记》是一个完美罪行的剧本。男性诱惑者计算中的任何东西，他的任何操作都不会失败。一切都会准确无误地发生，而这种确实性不会是真实的或心理的，只能是神秘的。这种人为招术的完美，这种引导男性诱惑者行为的宿命，它只能像在镜子里那样，反映出年轻姑娘那天赋般的优雅的完美，还有她的牺牲那不可避免的必要性。这里没有任何人的策略：这是一个命运，而约翰尼斯只是这个命运的工具性执行者，因此也是可靠的执行者。

在任何诱惑过程中有某种无人称的东西，就像在任何罪行中那样，有某种礼仪的东西，超主观和超肉体的东西，男性诱惑者及其受害者对这种东西的经历仅仅是无意识的反映。没有主体的戏剧作品。某种形式的礼仪练习，主体在这种练习中自我耗尽。因此整体将给作品赋予美学形式，给罪行赋予礼仪形式。

柯德莉娅受诱惑后，耽于一夜情的享乐，然后便被抛弃——我们不应该对此感到惊讶，也不应该以保守的小市民心理，把约翰尼斯看作可恶的人物：诱惑是一个牺牲过程，必然会以谋杀（鲜花凋零）结束。这最后一幕甚至可以不用发生：一旦约翰尼斯肯定能获胜时，柯德莉娅对他来说已是死人。只有不洁的诱惑才会结束在爱情与快乐中，然而这种诱惑已经不是一种牺牲。性事在这个意义上必须重新得到审视，当作诱惑的牺牲过程的经济废料，就像在古代的牺牲中那样，有一种没有火化的剩余部分给经济流通提供动力。性仅仅是一个更为根本的过程的削价或折扣，即罪行或牺牲，并没有到达完全可逆性的地步。众神各得其所：人类分享剩羹。

不洁的诱惑要献身的正是这个剩余物的积累，唐璜①或卡萨诺瓦，他们从性别征服走向性别征服，努力行使诱惑以便获得快乐，然而根据克尔凯郭尔的说法，这并不能到达诱惑的"精神"维度，这个维度会将女人的威力和诱惑资源推向顶峰，通过翻转的细致策略去挑战这些威力和资源。

柯德莉娅被一种慢性的阴谋剥夺了威力，这让人想起数不清的驱除女性威力的仪式，这在原始习俗中比比皆是（贝特尔海姆）。驱除女性的孕育威力，围剿并限制这个威力，有时还拟真和占有它，这就是拟真分娩、人工内褶、表皮擦伤和疮疤的事务，即这些数不清的象征伤口，直到并包括入门的伤口和一种新型权力的建立：政治，抹去女性在"自然"中那无法相比的特权。只需想想在中国的性哲学中的情况：即通过对占有和射精的暂停，男性将女性的阳的威力转向自己。

无论如何，有某种东西给了女人，必须通过一

---

① 法国剧作家莫里哀（Molière，1622—1673）讽刺喜剧《唐璜》中的主人公，十七世纪法国贵族经济衰落和道德沦丧的代表形象。

种人工方法驱除它,最终剥夺她的威力。而在这个人工角度下,女性诱惑者和男性诱惑者的策略之间没有差别:都是他人的死亡和对他人的精神劫持问题,劫持他人或劫持他的威力。总是某个谋杀的故事,或某个美学祭献或牺牲的故事,正像克尔凯郭尔所说的,这种事情总是发生在精神层面上。

诱惑的"精神"快乐。

克尔凯郭尔所说的诱惑剧本是精神的剧本:必须而且总是需要有精神,也就是说有计算,有魅力,还有一种约定语言的细腻,即十八世纪意义上的约定,同时需要现代意义上的机智妙语。

诱惑从来不在欲望或爱情癖好上做文章——这一切都是平庸的力学和肉体的物理:没有意思。应该让所有东西通过巧妙的暗示来相互回应,让所有的符号都落入陷阱。因此,男性诱惑者的不同招术便成了年轻姑娘的诱惑本质的反映,姑娘像是被强化在讽刺场景中,正好成了她自身本质的诱饵,她可以轻易依赖的诱饵。

这不是一种正面进攻,而是一种斜向的诱惑。它就像一条线段(还有什么比精神线段即妙语更具有诱惑呢?),有线段的活力和结构,它也使用同样加倍的材料,根据弗洛伊德的公式:男性诱惑者的武器就是年轻姑娘的武器,他会拿这些武器反过来对付姑娘,这种策略的可逆性便形成了诱惑的精神魅力。

人们谈论镜子时正好是这样,说它具有精神性:因为反射①本身就是一种妙语。镜子的魅力并不在于能从中辨认自己,而在于重叠的神秘和讽刺的特征。这更像是一种令人失望的巧合,然而,男性诱惑者的策略无非就是镜子的策略,因此它说到底并不欺骗任何人——它也因此从不搞错,因为镜子是从不犯错的(如果诱惑者使用从外部安排的操作或陷阱,他肯定会犯某种错误)。

人们可以设想这样的一种线段,一种值得收录在诱惑编年史中的线段:写给两个不同女人的同一封信。这其中没有任何反常心理,灵魂和心灵绝对透明。每个女人的爱情激动都是一样的,都存在着,有其特有的品质。然而有另样的东西形成了"精神"的快乐,它出自两封信之间的镜像效应,就像两个女人之间的镜像效应;这种效果正是诱惑的快乐。更为鲜活的激奋,更为巧妙的激奋,与

---

① "反射"一词在法语中为 réfléchir,该词也有"思考"的意思。此处为文字游戏。

爱情激动完全不同。欲望的激动从来也不能到达这种秘密欢乐的地步，这种过分的欢乐与欲望本身进行着游戏。欲望仅仅是一个参照项，与其他参照项一样，诱惑会立即超越它，恰恰通过精神战胜它。诱惑就是一根线段，它使两个目的性形象短路，进入一种想象的超印象（surimpression）中，在这种超印象中，欲望也许确实会将这些形象混淆起来；在任何情况下，这根线条引起欲望的混淆，将它推向一种无区分的状态，一种轻度的眩晕，这种眩晕出自一种高级冷漠和取笑的巧妙挥发，而取笑又能抹去它过分严肃的介入。

诱惑，就是要让形象在自身之间进行游戏，让陷入自身陷阱的符号在自身之间进行游戏。诱惑从来也不产生于一种身体的引力，一种情感的连接，一种欲望的经济，必须有一个诱饵介入并混淆图像，必须像在梦中那样，有一根线段突然连接分开的东西，或突然分开未分开的东西：这样，第一封信带走了重新给另一个女人写信的顽固愿望，处于一种独立讽刺的运转中，而这个想法本身就颇具魅力。无止境的游戏，符号自发参与的游戏，带着常有的讽刺味。符号也许希望被诱惑，也许在深层次上，比男人们更具有诱惑或被诱惑的欲望。

符号也许没有进入对立的天职,即进入为有意义的目的而安排的对立中:这就是它们现在的目的地。然而它们的命运也许完全不同:其命运也许就是要相互诱惑,并通过这种方法诱惑我们。这完全是另外一种逻辑,以此调节符号的秘密流通。

人们可否想象一种理论,在符号的诱惑引力中处理符号,而不是在符号的对比和对立中处理符号?这种理论是否会最终打破符号的镜像和参照的抵押?在这种理论中,一切都在极点之间进行游戏,处在一种神秘的决斗和无法逃避的可逆性中。

假设所有大型的区别性对立,即安排我们与世界的关系的对立,它们自始至终贯穿着诱惑,而不是建立在对立和区别的基础上;假设不仅仅是女性诱惑男性,而是不在场诱惑在场,冷诱惑热,主体诱惑客体。当然也包括相反的情况:因为诱惑假设有这种最起码的可逆性,它会结束任何被调节的对立,因此也会结束任何约定的符号学。走向一种反向的符号学?

人们可以想象(然而为什么要想象呢?事情就是这样),神灵和凡人并没有被宗教的道德鸿沟分开,而是在相互诱惑着,仅仅保持着诱惑的关系——这就是在希腊出现的情况。然而也许还有善与恶,真与假,所有这些巨大的区别,帮助我们解译世界并保持其意义的区别,所有这些精心分割的、并为此付出巨大代价的极点——并不总是成功的。而真正的灾难、真正的革命总是一种内爆，即具有两个极点的众多体系之一的内爆：一个世界，或世界的一个碎片就此结束——然而在大多数情况下，这种内爆是缓慢的，通过极点的损耗而实现。我们今天所经历的：就是所有极点结构同时的缓慢侵蚀，它正走向一个正在失去其意义起伏的世界。抽去投资、消除魔力、遭遇废弃：作为意志和再现的世界已经结束。

然而这种抵消并不具有诱惑力。诱惑是迫使各个极点相互靠拢的东西，将极点聚集到最大能量和魅力中的东西，而不是将它们混合在最小强度中的东西。

假设在所有对立关系起作用的地方，各种诱惑关系也开始起作用。想象这么一道诱惑的闪电，它能摧垮意义的半导体电路、极性和区别的意义电路么？这种非区别性的符号学不乏范例（就是说有多种这样的符号学）：古老的宇宙进化论的元素无法进入这种归类（水与火、气与土等）的结构关系，这些元素不是区分元素，而是引力元素，它们相互诱惑：水诱惑火，水又被火诱惑。

这种诱惑还更多地存在于二元关系、等级关系、阶层关系，即非个体的关系中，存在于先于我们并到处呈现的区别性逻辑体系的类比关系中。

而且到处无疑还有意义逻辑的连贯,这种连贯得到诱惑的类比连贯的雕琢——犹如一个巨大的妙语,用一根线条连接起的相对极点。诱惑性类比在意义下的秘密循环。

然而这并不是万有引力的新版本,诱惑的对角线或斜线完全可以打破极点间的对立,这些线条并不导致聚合关系或混合关系(这就是神秘学),而是导致一种二元关系;不是一种主体或客体的神秘聚合,或能指与所指、或男性与女性等的神秘聚合,而是一种诱惑,也就是说是一种二元的和不可知论的关系。

> 一面镜子悬挂在对面墙上
> 她并不去想它
> 而镜子却在想
>
> 《诱惑者日记》,第29页

男性诱惑者的诡计就是与对面墙上的镜子混为一体,那位年轻姑娘前来照镜子,并没有想到这一点,而镜子却想到她。

应该小心看待这些镜子的卑微。作为外表的朴素仆人,它们只能反射正面对着它们的物体,没有避而不见的权力,而所有的人都感谢它们(只有死亡除外,那时出于这个原因会把镜子挡起来)。它们是外表的走狗。然而它们的忠诚是任性的,它们只是等待着人们依赖它们的反射。人们也不会即刻忘记它们斜视的目光(regard oblique):它们认识你,而当它们在你没有预料到的地方突然发现你时,你的机会就到了。

这便是诱惑的策略:它给自己以镜子般的卑微外表,但这是一种操作性镜子(miroir manoeuvrier),就像珀尔修斯①的盾牌,梅杜萨自己也感到非常吃惊。姑娘将被这面镜子俘获,镜子想着她,在她不知情的情况下分析她。

> 那个不会哄骗姑娘直到她看不到一切的人,那个不会随着自己的意志,让一位姑娘相信是她在采取所有主动的人……我才不羡慕他的享受呢。这样的男人便是而且一直是个笨蛋,一个诱惑者,这些词语决不能用在我身上。我是一位美学家,一位抓住了爱情天性、爱情本质的色情专家,一位相信爱情并深深了解爱情的

---

① 珀尔修斯(Persée),希腊语为 Perseus,希腊神话中的神灵之一,宙斯和达那厄之子。梅杜萨(Méduse),希腊语为 Medousa,希腊神话中的女妖,她的目光能使任何敢于看她的人化作石头。珀尔修斯用光滑如镜的盾牌挡住梅杜萨那可怕的目光,终于将女妖杀死。

专家……另外我还知道,无法想象的崇高享受就是要超越一切地被人爱……能够像一个美梦那样进入年轻姑娘的精神是一门艺术,从姑娘身上走出来则是一部杰作。(第121页)

诱惑从来就不是线性的,它也不再佩戴面具(这种诱惑是普通的诱惑)——诱惑是斜视(oblique)的。

什么武器如此锋利,如此直入?在其运动中如此锃亮,因此也像目光那样如此令人失望?先摆出一个第四架式,就像在击剑中那样,然后在瞬间突刺……这个瞬间是无法描述的。对手几乎知道这一击,他被刺中,是的,但被刺中的完全是他所认为的另一个地方。(第35页)

我不与她相遇,我只是碰到了她存在的周边……当她来到楼梯上时,我心不在焉地超过她。这是在她周围需要收紧的第一批网眼。我在街上并不叫住她,或者从不靠近地向她问候,但总是远远地盯着她……她能感觉到在她的视野里出现了一颗星星,星星那奇怪的轨迹对她的行走施加着一种令人不安的影响;然而她对调节这种运动的规律却一无所知……她

更像是左寻右思,试图找到哪一点是她的目的地:她与对跖点①一样,不知道自己就是这个点。(75页)

另一种被偏向的反光方式:催眠状态,一种心理的镜像。在这个镜像中,年轻姑娘在浑然不知的情况下,从他人的目光下反射出来:

> 今天第一次,我将目光移到了她身上。人们说困倦会使眼皮变得沉重,直至眼皮合上:这个目光可能会有同样的能力。我的眼睛合上了,然而有一种黑暗的威力在她身上翻腾。她并没有看到我在看她,但是她感觉到了,她的整个身体感觉到了。眼睛闭上了,于是黑夜降临;然而在她体内还是白日中天。(第116页)

这种诱惑的斜向性并不是一种两面性。在线性线段撞到意识之墙、而且只能指望可怜利润的地方,诱惑更像是具有一种梦想线段的斜向性,或

---

① 对跖点(antipode),或对跖地,即地球相对的两个顶点。如新西兰是法国的对跖点。也指完成相反的事件。

一种精神线段（妙语）[①]的斜向性，它通过唯一一条对角线穿越心理世界及其不同的层面，以便到对跖点触及那个盲目而又未知的点，秘密的封存点，谜团的封存点，这是那位姑娘构成的谜，这对她自己来说也是个谜。

因此，诱惑具有两个同时的时刻，或一个时刻的两个瞬间：必须让那位姑娘的整个要求到位，她所有的女性资源得到动员，但是要悬在半空——不可能通过惯性，在其被动的清白中袭击她，必须让她的自由发挥作用，因为正是这个自由，在其自身的运动中，通过其特殊的弧形，或通过诱惑强加于它的突然扭曲，应该自然而然地到达那个点本身，那个她不知道的点，她将迷失其中的点。诱惑是一个命运：要让这个命运变成现实，就必须拥有整个自由，但整个自由也要像梦游那样走向自身的迷失。年轻姑娘应该沉浸于这种第二状态，以加强第一状态，恩泽状态和最高权力状态。激发这种梦游状态，即激情苏醒并陶醉于自身的状态，它将自毁于命运的陷阱中。"眼睛闭上了，于是是黑夜降临；然而在她体内还是白日中天。"

遗漏、否定、消除、迂回、失望、改道——这

[①] 精神线段（trait d'esprit），法语词组，一般译作"妙语"，但因作家在前面使用"梦想线段"（trait de rêve），这里明显是想做一个文字游戏，故按字面译出，原义放在括号内，以保持原文的风格。

一切都是为了引发这个第二状态,真正诱惑的秘诀。当普通的诱惑用强调方式行事时,真正的诱惑则用不在场方式行事,或者更倾向于发明一种弯曲空间(espace courbe),其中各种符号被改变了轨迹,重新回归到起源处。这种悬空而不可理解的状态是非常重要的,是姑娘在等待她的东西面前表现她不安的时刻,而且她知道那新的东西将是注定的东西,知道有某样东西在等待她。这是一种高强度的时刻,"精神"的时刻(克尔凯郭尔意义上),与游戏的那个时刻相同,处在骰子滚动和它将要停住的那一刻。

于是,在他第一次听到她给自己的地址时,他拒绝记下这个地址:

> 我不想听到这个地址;我不想失去惊喜的乐趣;我很想在生命中重新遇见她,我想我能认出她来,也许她也能认出我来。如果她认不出我,我将有机会从侧面观察她,我向你保证她会回想起来。不要急躁,不要贪婪。应该长久地享受:她是命中注定的人。(第31页)

男性诱惑者与自己的游戏:在这个阶段,这甚至不是一个诡计,倒是诱惑者自己被诱惑的迟到所蛊惑。这可不是一个小小的快乐,一种靠近的快乐;因为正是在这微小的差距中,将开始形成她将坠入其中的深渊。这就像在击剑中:必须有场地来做假动作。在整个过程中,诱惑者并不寻求相互靠近,而是设法巩固这个距离,通过各种不同的方式:例如不跟她说话,只跟她姑妈说话,只说无聊和愚蠢的话题,用讽刺和假知识抵消一切,不回应任何女性的或色情的动作,直到为她找到一位喜剧式追求者,他会把她从爱情中祛魅出来。祛魅、冷却、让人失望、保持距离,直到她自己主动提出中断订婚关系,就这样圆满完成诱惑工作,创建一种完全抛弃她的理想形势。

男性诱惑者就是那个善于让符号漂流的人,他知道只有符号的悬空状态对自己走向命运的方向最有利。不要在当场耗尽符号,而是等待所有符号互相回应的时刻,创造出一个完全特殊的眩晕(vertige)和崩塌的局面。

当她与她的三个女友在一起时,她很少说话,很明显,她们的闲聊令她厌烦,她嘴边的一丝微笑似乎让人相信这一点。我相信这个微笑。

今天,我到了简森夫人那里,我没有敲门便把门推开一半……她一个人坐在钢琴边……我完全可以突然出现,我完全可以抓住这个瞬间……这也许是个愚蠢的举动。她显然掩饰自己在弹钢琴……这几天我若有机会跟她说话，更亲近地说话，我会若无其事地把她引上这个话题，我会让她掉入我的陷阱。
（第77—78页）

他并没有径直到达普通消遣的插曲中，到达放荡勇气的片断或色情的短暂停留中（这些在叙述中占有越来越多的篇幅——柯德莉娅几乎只是以水印 [filigrane] 的方式或以放荡和调皮的想象虚线的形式出现："只爱一个女人那太少了；爱所有的女人又是一种具有表面特点的轻浮；然而还是爱得越多越好……这就是享受，这才是生活！"），他并没有径直到达轻浮诱惑的片断中，即这些不能纳入诱惑的"伟大的游戏"的片断，并且符合斜向性和消遣的同一哲学："伟大的"诱惑秘密地遵循着低贱的诱惑道路，表现为一种悬空状态和戏仿。混淆是永远不可能的：一种是爱情游戏，另一种则是精神的决斗。所有的插曲都只会提高"高度"诱惑那缓慢的、计算的、不可避免的节奏。镜子一直在对面的墙上，如果说我们不再想它，但是镜子还在想，时间将在柯德莉娅的心中工作着。

在订婚的时刻，过程似乎已经达到了它的最

低点。在人们觉得到达临死点的地方,男性诱惑者会将蛊惑的诡计和威慑推向屈辱的几乎反常的程度;人们会觉得,由于巧妙得过分,反而致使弹簧折断,柯德莉娅身上的任何女性气质都极度疲劳,被围困她的那些诱饵所抵消。这个订婚的时刻,它"对年轻姑娘来说具有特别的重要性,因此她的整个身心都固定在这件事上,就像垂危之人的身心固定在最后的心愿上一样",这个时刻,柯德莉娅经历了,但并没有弄懂,没有任何反应,说不出话,她被迷惑住了。

> "只要一句话,她就会笑话我;只要一句话,她就会激动;只要一句话,她完全可以避开我;然而没有任何话语从我嘴里出来,我庄严地保持着傻瓜样,严格遵循着礼仪。""我不会吹嘘订婚礼仪的诗意,这种仪式从各个方面看都是一种平庸的小商贩做法。"(第132—133页)"这下我订婚了,柯德莉娅也是"(柯德莉娅也是!)。"这无疑是她关于此事大概所知道的一切。"

所有这些都是一种毁灭的考验,就像在秘传仪式中所表现的那样。入门者必须通过一个死亡阶段,甚至没有悲怆的痛苦:乌有阶段,虚空阶段——激情和色情放弃的启示之前的最后时刻。男性诱惑者可以说插入了一个苦行时刻,将其插入他强加给整体事件的美学运动中。

> 所有想委身于我的姑娘都可以得到保证,她们将得到完全美学的对待;问题是到最后,她们当然还是被骗。(第 141 页)

订婚仪式与诱惑的任何表面赌注的消失完全吻合,这其中就有某种幽默。十九世纪小市民眼光中构成婚姻快乐前奏的东西,如今变成了一个清苦的插曲,向激情的崇高目标入门的插曲(这些目标同时也是经过精心计算的诱惑的目标),通过梦游穿越订婚仪式的荒漠。(不要忘记,订婚仪式是许多浪漫主义作家生活的关键插曲,确切地说就是克尔凯郭尔,还有其他更悲剧式的人物:克莱斯特①、荷尔德林②、诺瓦利斯③、卡夫卡④。痛苦的

---

① 克莱斯特(Heinrich Von Kleist, 1777—1811),德国作家。作品有《智利地震》、《弃儿》、《圣多米尼加订婚礼》、《决斗》等。

② 荷尔德林(Friedrich Hölderlin, 1770—1843),德国浪漫主义诗人,作品有《许泊里翁》。诗歌代表作有《自由颂》、《人类颂》、《为祖国而死》、《日落》、《漫游者》、《回家》、《爱琴海群岛》、《莱茵河》、《怀念》等。

③ 诺瓦利斯(Novalis, 1772—1801),原名 Friedrich von Hardenberg,德国浪漫派诗人和小说家。作品有《艺术与空想》、《夜晚颂》、《生死信件》等。

④ 卡夫卡(Franz Kafka, 1883—1924),奥地利作家。作品有《变形记》、《乡村医生》、《地洞》、《审判》、《城堡》等。

时刻,永恒的失败,这种对订婚礼几乎神秘的激情也许就是一种悬空的激情(先不说性无能!),对悬空的蛊惑的激情,这种蛊惑时刻始终受到性欲祛魅或婚姻祛魅的恐惧所困扰。)

然而,甚至就在约翰尼斯的目标和在场似乎消失的地方,他却继续经历着诱惑那看不见的舞蹈,他甚至从来没有这般高强度地体验它,因为正是在这里,在虚无中,在不在场中,在反射的镜子中,他才更加确信自己的胜利:她只有解除婚约,投入他的怀抱。激情的整个火焰就在那里,在透明中,在水印中,他从来没觉得这火焰在预感中有如此绚丽,因为姑娘在这一时刻仍然是命中注定的,尽管她在结束的时刻就不是这样了。不过诱惑的眩晕就像任何激情,它无论如何都在宿命中。宿命独自给出了这种致命的品质,位于快乐深处的品质——这种妙语事先将心灵的某种运动与他的命运和死亡连接起来:这正是诱惑者取胜的地方,这正是体现他真正诱惑的智慧的地方,就像是一种精神经济——就在订婚礼的看不见的舞蹈中:

> 一种原本需要两个人的舞蹈,这时却由一个人跳,这就是我与她的关系的形象。因为我是第二号舞蹈者,然而我是不可见的。她的行为就像在做梦,然而她正与我这个他者一起跳

舞,一个看不见但明显在场的我,尽管不可见但明显可见的我。

　　动作要求有第二个舞蹈者;她向他靠过去,向他伸出手,她转身跑掉,又再次靠近。我抓住她的手,我补充着她的思想,然而她的思想已经自我完成……她的动作跟随着她自己心灵的旋律,而我只是跟随这些动作的借口。我不是色情狂,这只能唤醒色情,我是灵活的,可塑的,无人称的,我几乎只是一种心灵状态。(第142页)

于是,诱惑以一个动作的形式出现,就像:

一种威力的驱除:牺牲形式。

一次谋杀的犯罪:可能是一个完美的罪行。

一部艺术作品的完成:"诱惑被看作美术之一"(当然也被看作谋杀)。

一次妙语的操作:"精神的"经济。就像妙语中双方同样的默契那样,一切都以暗示方式进行交流,含蓄的言辞,带皮头的花剑——某种秘密的暗示与庆典式交流的等同物。

一种精神考验的苦行形式,但也是教育的形式:一种激情的学校,既色情又讽刺的助产术学校。

> "我总是承认,一位姑娘就是一个新生教授,人们能从她身上学到许多东西,至少能学到欺骗她的艺术——因为在这方面,谁都比不上姑娘们能教你的东西。"(第154页)

> "任何姑娘与其心灵的迷宫相比,都是一位拿着线的阿里阿德涅①,顺着这根线就能找到她,但是她自己却不知道怎样使用它。"(第176页)

一种决斗和战争的形式,无角的形式,它不是暴力或一种力量对比的形式,而是一种战争游戏的形式。从中可以看到诱惑的两个同时的运动,任何策略的运动:

> 在我和柯德莉娅的关系中需要一种双重的操作……这是一场战争,在这场战争中,我需要逃离,教她跟随我去取胜。我将继续后

---

① 阿里阿德涅(Ariane)是古典神话中克里特岛国王米诺斯的女儿,她的母亲帕西法厄生了一个牛头人身的怪物。米诺斯把它幽禁在一座迷宫里,并命令雅典人民每年进贡七对童男童女喂养这个怪物。

雅典王子忒修斯发誓要为民除害,他领着童男童女上了克里特岛。借助阿里阿德涅给他的线球和魔刀,忒修斯杀死这个怪物并沿着线顺来路走出了迷宫。当天夜里,他们带着阿里阿德涅公主一起逃亡,顺利离开克里特。

退,在这个后撤的运动中,我教她学会在我身上辨认所有爱情的威力,她的不安思想,她的激情,还有什么是欲望、希望和期待……她将获得相信爱情的勇气……不应该让她怀疑她欠我的东西……于是,当她感觉自己自由时,是那么自由,她似乎将受到诱惑而与我决裂,第二次战争将重新开始。这个时候,她将会有力量和激情,而斗争将更有意义。

即使她离开我,第二次战争还是会发生。第一次是解救的战争,是一种游戏;而第二次是征服的战争,是为生命或死亡进行的战争。(第148—149页)

所有这些赌注都组织在年轻姑娘周围,她就像一个神秘的形象。她自己作为这个多重决斗的搭档和赌注,既不是一个性对象也不是女性神灵的形象:西方文化参照中妇女的两大形象同样与诱惑格格不入。同样不会有年轻姑娘这样的理想受害者,或男性诱惑者这样的理想主体,在同一种牺牲中,刽子手和受害者的数量相等。姑娘所施加的蛊惑是一个神秘生灵的蛊惑,一个谜团般搭档的蛊惑,在挑战与决斗那近乎礼拜仪式的范围内,她是与诱惑者对等的对手。

与《危险的关系》有什么区别？在拉克洛心里，需要诱惑的女人处于必须清除的强势位置，与那个时代军事策略的形象相仿，这种策略比从前稍稍少一点静态性，然而其目标却是同样的：投降。女主席是一道需要投资的城墙，她必须倒塌。那里面没有诱惑——有的只是攻城术。

诱惑在别处：并不是诱惑者对受害者的诱惑，而是在诱惑者之间的诱惑，从瓦尔蒙到梅尔德伊，通过穿插的受害者分配着罪恶的默契。在萨德笔下也一样：唯有刽子手的黑社会能够运转，因罪行而兴奋不已，受害者则一文不值。

这里没有任何这种逆转的巧妙技巧的东西，即孙子在《孙子兵法》中所表现的技巧，或是日本禅宗哲学和东方武术中的技巧，或在这里诱惑中的技巧。在诱惑中，年轻姑娘和她的激情、她的自由，全都属于策略的运动本身。"她是一个谜团，她自己神秘地掌握着自己的解。"

在这场决斗中，一切都由从伦理到美学、从天真的激情到思考的激情的过渡控制着：

> 我将把她现在的激情称之为天真的激情。

然而当我真的开始将自己退出来时,她却调动一切以便真正地吸引我。作为手段,她也只剩下色情本身,但其规模则更为广泛。这色情将是她恐吓我的一个武器。这时思考的激情却欣然而至,她将因为自己而进行斗争,因为她知道我掌握着色情;她将因为自己而进行斗争,以便能战胜我。她甚至需要一种色情的高级形式。通过我的刺激而教会她怀疑的东西,我的冷淡将让她理解它,其方法却是让她自己想着去发现。她想乘我不备时抓住我,她以为能够大胆地超越我,通过这个把我掌握在手。她的激情变得坚定不移,强大有力,充满结果,二元辩证,她的整个亲吻,她的拥抱,都具有不可抗拒的冲动。

伦理,这就是简朴(也是欲望的简朴),是自然性,其中包括姑娘的天真烂漫,还有她自发的冲动。美学,这是符号的游戏,是招术——是诱惑。任何伦理应该分解为一种美学。对克尔凯郭尔的诱惑者来说,正如对席勒①、荷尔德林、甚至马尔库塞来说,向美学的过渡是人类种群所能赋予自

---

① 席勒(Johann Christoph Friedrich von Schiller,1759—1805),德国诗人。作品有《晚上》、《征服者》、《欢乐颂》、《幻想的词语》等。

己的最高运动。然而男性诱惑者的美学却决然不同:它既不神圣也没有先验性,它只有讽刺性,像恶魔一样——它的形式不是理想的形式,而是妙语的形式——它并不是对伦理的超越,而是对伦理的迂回、改变和诱惑,这无疑是一次变容,然而是通过失望的镜子进行的变容。不过,男性诱惑者的诱饵策略也不是一个反常的运动,该策略属于这种讽刺美学的范畴,其目的就是将身体的普通色情转变成激情和妙语:

> 她没有勇气喊我"我的"(约翰尼斯)。今天,我用影射的方式、以极具色情的方式请求她。她大胆尝试着,但具有一种讽刺的眼光,比词语更短更快的眼光,这就足够阻止她行动,尽管我的嘴唇以最大的能力挑逗着她。这里正是完全正常的某种东西。(第216页)

从色情角度看,她完全武装到位以便进行斗争;她使用眼睛的飞箭,睫毛间的皱眉让前额充满神秘,嗓门口若悬河,胸脯的致命诱惑,嘴唇的恳求,双颊的微笑,她整个存在温柔的吸引。在她身上有一种力量，一种瓦尔基丽①的能量，但是这种色情力量的饱满也会因某种温柔的倦怠而降温，这种倦怠就在她身上散发。她不应该过长时间保持在这种位于顶峰的状态……（第217页）

讽刺总是迎合一种致命的感情流露，后者先于游戏的结束，利索地割断每个游戏者那闻所未闻的可能性，只有诱惑能够展开的可能性，并且需要一种悬空、一种讽刺的克里纳门偏差，一种让美学大门敞开的幻想的破灭。

有时，男性诱惑者也有他的弱点。于是在到达激动时，它会投身于一种恶意讽刺的唠叨，谈论可无限分割的女性美貌，探究色情的细小差别（第223—225页），然后这种美貌被集合成一个形象，处于整体欲望的热的想象中——这就是上帝的视角——然而很快会被抓取，并且进入魔鬼的想象中，外表的冷想象中：女人是男人的梦想——况且，上帝是在男人睡梦中将女人从男人身上拉出

---

① 瓦尔基丽(Valkyrie 或 Walkyrie)，北欧神话中的女武神。"瓦尔基丽"这个字的原意是"贪食尸体者"，后逐渐演变成"挑选战死者的女性"，后人还赋予"出现在英雄面前的梦中情人"的形象。她们一般是来自地上国王的女儿，或是发誓侍神而被诸神选中上天的处女神。她们在战场上赐与战死者美妙的一吻，并引领他们前往英灵殿 (Valhalla)。

来的。因此女人具有梦境的所有特征，可以这么说，现实的白日剩余物可以在梦境中与其混合。

> 她只是在与爱情相遇时才会苏醒，之前她仅仅是个梦。然而在这个梦境般的存在中，人们可以区分两个阶段：首先是爱情梦想她，然后是她梦想爱情。（第226页）

当她全部付出时，这就结束了，她就死掉了，她就失去了这种外表的优雅，变成了纯粹的性，变成了女人。在最后的唯一时刻，"当她穿着新娘服饰向前走时，当整个光彩在她的美貌前变得苍白时，当她自己也变得苍白时……"（第236页），她仍然具有外表的华丽——不久后将好景不再。

这就是男性诱惑者的形而上分割：美丽、意义、实质，尤其是上帝，它们在伦理上都嫉妒自己。多数事物在伦理方面都嫉妒自己，它们保持着自己的秘密，关注着自身的意义。诱惑就位于外表和魔鬼的那一边，也在美学上嫉妒自己。

约翰尼斯在最终抛弃的波折后所提出的问题（柯德莉娅放弃后，她立即被抛弃）就是："我是否和柯德莉娅一起，曾经一直忠于公约？也就是说我和美学一起忠于公约？我这方面是否一直有这个想法？我是否一直保持着有趣的东西？"（第238页）。因为真的要去诱惑，那只有在第一次威力时才有意思——而这里重要的是在第二次威力时才有意思的东西。这种增效的做法就是美学的秘诀。只有有趣物中的有趣物才具有诱惑的美学威力。

诱惑者的工作在某种程度上就是要让年轻姑娘的自然魅力到达纯粹的外表，让魅力在纯粹外表上大放光彩，也就是说在诱惑的范围内大放光彩，通过这种方法去毁灭这种魅力。遗憾的是虽然大多数事物都具有一个意义和某种深度，但只有若干事物能到达外表，也只有这些个事物才具有绝对的诱惑力。诱惑就处于事物向纯粹外表的变容运动中。

诱惑就这样以谜的形式结束，结束在外表的眩晕中，正好在现实中完成之前。"一切都是图像，而我是我自己的谜，我飞向这个相遇，这难道不像个谜么？……去吧，快去吧，为了生存为了死亡，即使头发也需要倒塌也罢，在到来之前一刻也别等待。"（第249页）

就一个夜晚——一切都结束了："我不再想见她。"她给出了一切，她就完了，就像希腊神话中那些数不清的圣洁女英雄，通过二次命运变成了花朵，在二次命运中找到一种植物和丧礼的优雅，即她们第一次命运的诱惑性的优雅回声。但是克尔凯郭尔的诱惑者又毫不留情地说，"我们不再处在那个时刻，即一位被遗弃姑娘的忧愁将她变成趋光的植物"（第250页）。他还以更为残酷和出乎意料的方式说："如果我是一个神，我将做海神为水中仙女所做的事；我将把她变成一个男人。"这就是说女人并不存在。只存在姑娘，她因其状态的高贵而存在，而男人则通过自己的威力去毁灭她。

然而诱惑的神秘激情并不停留在讽刺层面上。它还给自己冠上一种忧郁特征：将房屋最后推上舞台，成为放弃爱情的背景。悬空的时刻，诱惑者聚集起策略的所有零散特征，在死亡前最后一次凝视它们。本来可以作为胜利背景的东西，这时不过是一种已逝历史的忧郁景点。那里的一切都是重组的东西，以便一下抓住柯德莉娅的想象，在她的命运垮塌的最后时刻；他们相遇时的小屋，同一个沙发，同一盏油灯，同一个茶几，就像这一切过去"差一点就存在"的东西，就像在这里，在一种最终的想象中。在打开的钢琴上，在乐谱提袋上，同样的一段瑞典乐曲——柯德莉娅从过道尽头的门走进来，一切都是预备好的，她将发现所有一起经历过的场景的概要。幻觉完美无缺。其实游戏已经结束,这是男性诱惑者讽刺的顶峰,他将从头开始就编织的所有纺线聚集成一团焰火(这么说恰如其分),这也是受奖励的爱情那丧礼的和滑稽的祷告。

柯德莉娅呢,她也不再重新出现,充其量会出现在开启叙述的几封信件里,这种绝望也非常奇怪。她既没有完全受骗,也不是完全被剥夺欲望,而是在精神上被一个她并不了解规则的游戏劫持了。她像被一种巫术玩弄了——印象中她在不知情的情况下成了一个秘密阴谋的赌注,一个更加具有歼灭力的阴谋的赌注,一种精神诱拐的赌注:其实是她自己的诱惑被人窃走,被转向来对付她自己。无名的命运,其中引发的惊愕与简单的失望大相径庭。

> 这些受害者属于特别的一类人……在她们身上没有发生任何可见的变化;她们的生活如同人们每天所见的生活,然而她们还是改变了,她们自己几乎也无法解释……她们的生活并没有被打乱、也没有中断,就像其他人(受害者)的生活一样,只是退缩到了她们的内心深处。对别人来说,她们已经完了,而她们却在徒劳地试图重新找到自己。(第15页)

被诱惑的恐惧

如果说诱惑是一种激情或命运,却常常是相反的激情占据优势:不被诱惑的激情。我们为在真理中得到强化而斗争,我们与想要诱惑我们的东西作斗争。我们因害怕被诱惑而放弃诱惑。

为逃避这种状况,一切手段都可利用。从不停地诱惑他人以便不被诱惑,直到假装被人诱惑以便利索地斩断任何诱惑。

歇斯底里症将联合诱惑的激情和拟真的激情。它通过提供落入陷阱的符号来保护自己不受诱惑的侵袭,因为在这些符号被人以激烈的方式阅读的时刻,我们就会拒绝再相信它们。犹豫不决,夸大的悔意,悲怆的主动,不停的请求,这种消解事件的疯狂方式,让自己无法抓住的方式,这个强加于人的眩晕,还有这种绝望,这一切都是诱惑的震慑，其隐秘的计划不是去诱惑别人，而更倾向于永远不被人诱惑。

歇斯底里病人没有隐私，没有秘密，没有情感，全部面向外部的讹诈，面向其"症候"那短暂且总体的可靠性，面向让人相信的绝对要求（就像神话讲述者的故事），面向任何信仰的同时的失望——而这些甚至都不会向某种分享的幻觉去呼救。绝对的请求，然而只有对回应的完全不理睬。汽化在符号和舞台效应中的请求。诱惑自己也取笑符号的真相，但是它将符号变成一个可逆的外表，而歇斯底里症则不容分割地玩弄符号。好像它独自将整个的诱惑过程据为己有，自己进行着诱惑的竞价，留给他人的仅仅是自身疯狂转化的最后通牒，没有可逆的可能。歇斯底里病人成功地将自己的身体变作对抗诱惑的障碍：被其身体惊呆的诱惑，被其自身症候蛊惑的诱惑。诱惑只把他人作为自己迷惑的对象，处于转移视线的势力范围内，它不过是一出悲怆的心理喜剧——如果诱惑是一场挑战，歇斯底里症就是一种讹诈。

大多数符号和（其他人的）信息如今要求我们使用这种歇斯底里方式，这种让人说话的方式，通过威慑让人相信让人享受的方式，使用一种盲目妥协和心理喜剧式的讹诈方式，使用没有意义的符号。这些符号无限地增生，恶性地膨胀，因为它们不再有秘密,不再有信誉。没有信仰的符号,没有情感和故事的符号,想到要指意便被吓倒的符号——就像歇斯底里病人,想到被人诱惑就被吓倒。

事实上,正是这个位居我们自己心中的不在场在吓唬那个歇斯底里女病人。她必须通过不停的游戏让自己清除这个不在场,正因为这个不在场的秘密,人们才能爱上她,她才能爱上自己。一面镜子,在镜子后,她离自杀已经不远,不过她像对待其他任何事情那样,将自杀转变成一个舞台式的、对比鲜明的诱惑过程——她在辉煌的势力范围中永远不朽。

在厌食症、性冷淡或性无能中也是同样的过程,但这是一种反向的歇斯底里症(hystérie inverse):将自己的身体变成一面反转的镜子,抹去其中任何的诱惑符号,去除其中的魔法或镜子的性征,这还是呼唤符号走向讹诈和最后通牒:"你们诱惑不了我,我藐视你们对我的诱惑。"诱惑便由此显露在否定本身中,因为对诱惑的藐视是基本的方法之一。然而藐视必须给另一个回应留有余地,它必须注意(并不是有意)让人诱惑,而在这里,游戏已经结束。游戏通过身体再次结束,通过把拒绝诱惑搬上舞台而中止游戏——而那位歇斯底里病人通过将诱惑的要求搬上舞台而从中解脱。在任何情况下，这是对诱惑和被诱惑的拒绝。

问题从来也不是性无能或食物无能的问题，还有那一系列精神分析学上的道理和无道理，而是在诱惑时无能的问题。情感疏远、神经官能症、焦虑、挫折感等，即精神分析学所遇到的一切，这无疑来自不能爱或被爱的状况，来自不能享受或提供享受的状况，但是根本的祛魅来自诱惑及其失败。只有那些与诱惑毫不相干的人才是病人，即使他们仍然能够喜爱或享受也罢。精神分析自以为能治疗欲望和性的疾病，实际上它治疗的是诱惑的疾病（它竭力将自身放置于诱惑之外，关闭在性的两难推理中）。最为严重的亏损总是来自魅力方面，而不是享受方面，总是来自魔法方面，而不是生命或性的满足，总是来自（游戏）规则，而非（象征）法则。唯一的去势法就是除去诱惑的去势法。

幸好诱惑不断地受到挫折，不断地获得新生，就像凤凰从灰烬中重生，而主体却像在性无能和厌食症中那样，不能阻止这一切重新变成诱惑的最终令人失望的企图，不能阻止否定重新变成一种挑战。也许正是在这种对性的自我激烈否定中，诱惑才能以最为纯粹的方式表现出来，因为还可以向他人说："请向我证明事情并非如此。"

其他的狂热也与诱惑相抗衡，幸好它们也常常因做事过分而失败：例如收藏，收藏拜物教（fétichisme collecteur）。它们与诱惑那既对抗又亲近的关系，也许正因为这是一种游戏而变得更为重要，这种游戏有它的规则，其强度可以替代其他任何强度：一种抽象的激情，正如它藐视任何道德准则那样，以便只留下一个封闭世界的绝对仪式，而主体就自我封闭在这个世界中。

收藏家是个嫉妒者，他寻找着已死物体的专利权，以满足他的拜物激情（passion fétichiste）。隐居，自闭：他所收藏的首先是他自己。他无法从这种疯狂中解脱出来，因为他对物品的爱，他对物品的爱情策略，这首先是一种由此产生的、诱惑的仇恨和恐惧。此外对他自己也一样：对诱惑的厌恶可能就来自他自身。

《收藏家》[①]这部电影和小说就展示了这种谵妄。因为不会诱惑年轻女人，也不会让别人爱上自己（那么他想要诱惑吗？他想要自发的爱情吗？肯

---

① 英国作家约翰·福尔斯（John Fowles, 1926—2005）的作品。《收藏家》（*The Collector*）的法译名为《痴迷者》（*L'Obsédé*），主人公以收藏蝴蝶为爱好，当他爱上一位美丽的女大学生后，也把她当作蝴蝶捆绑在家里进行欣赏。

定不是：他是要强加爱情，强加诱惑），有个男人劫持了一个女人，将她关在乡村房屋的地下室里，地下室事先按这种居住要求作了安排。他将女人安排住下，照顾她，百般呵护她，然而却打破了她任何逃跑的企图，挫败她的任何计谋，只有当她承认被征服和被诱惑时，只有她最终自发地爱上他时，他才会放过她。随着时间的推移，在他们之间，在被迫的同居相处中，建立起某种模糊而又不确定的同谋形式——有一天他邀请她"到上面"吃晚饭，并且采取了所有谨慎措施。这时，她真正开始诱惑他，给他投怀送抱。也许她这时真的爱上了他，也许她是为了彻底制服他。无疑两者皆有。不管怎么说，这一动作在他身上引起一种可怕的焦虑，于是他就打她，污辱她，重新将她关闭在地窖里。他不再尊重她，脱去她的衣服，拍了一些黄色照片，将照片收进一个影集（此外他还收集蝴蝶，他曾经自豪地向她展示过蝴蝶收藏）。她终于病倒，然后陷入某种昏迷，他不再照看她，她很快就死了，他将她埋在院子里。最后几幅图像暗示他还在寻找，寻找另一个他需要关押和全力诱惑的女人。

被人爱的要求，被诱惑的无能。最终，那个女人还是被诱惑了（到了她也想诱惑男人的地步），而他却不能接受这个胜利：他宁愿从中看到一种性的厄运，于是就惩罚她。这不是什么性无能的问题（永远也不可能是性无能的问题），他宁可喜欢收藏死物的嫉妒性魅力——死去的性对象与具有发光鞘翅的蝴蝶一样美丽——而不要一个活人的诱惑，这个活人有可能让他自己去爱别人。他更倾向于收藏的单调蛊惑，即没有差别的蛊惑——更倾向于对同一事物的萦绕，而不是对他人的诱惑。因此从一开始，人们就预感她会死去，并不因为他是个危险的疯子，而是因为他是一个有逻辑的生灵，一种不可逆的逻辑：不受诱惑而诱惑——没有可逆性。

在这种情况下，两人之中必须有一个人死去，而死去的总是同一个人，因为另一个已经死去。另一个已经不朽，坚不可摧，就像任何倒错那样，这正是电影结尾不可避免地重新开始所展示的那样（颇有些幽默味：嫉妒者与性倒错者一样，在他们的封闭范围之外充满了幽默，直到他们程序的细枝末节中）。无论如何，他把自己封闭在一种无法解决的逻辑中：她所能给他的所有爱情符号将从反面来阐释。而最温柔的便是最值得怀疑的。他也许就满足于约定的符号，然而他不能承受的，就是那种真正的爱情恳求：在他的逻辑中，她给自己签发了死刑判决书。

这个故事并不是一个死刑的故事：这是令人

感动的故事。谁说爱情的最佳证明就在对他人及其欲望的尊重中呢？为美丽和诱惑所付的代价也许就是被关押，被弄死，因为美丽和诱惑太危险了，人们永远也无法回报它们所给的一切。于是人们只能让他们死亡。那位年轻姑娘可以说已经承认这一点，因为她屈从了这种更高的诱惑，通过关押的隐喻而呈现的诱惑。问题是她只能通过性的供给做出回应，这种性供给实际上显得平淡无奇，这正是从其美丽所带来的挑战角度来看。性的快乐永远也不会废除诱惑的要求。在过去，每个凡人都被要求通过牺牲以赎回自己活着的躯体，现如今，任何诱惑的形式，也许还有所有活着的形式都被要求通过死亡来赎回自己。这就是象征的法则——此外它并不是一个法则，而是一个不可避免的规则，也就是说我们可以毫无根据地同意它，就像通过一种任意的明显事实，而不是根据某种超越我们的原理。

是否应该做出这种结论，即任何诱惑的企图将通过对对象的谋杀而解决？或诱惑永远是，这正是同一事物的差别所在，它仅仅是一个让他人发疯的企图？人们能够施加于他人的魅力永远都是不祥之物吗？这是否就是他人施加于你的魅力所做的报复性回应呢？那里所进行的游戏是否就是一种死亡游戏？总之与性快感的从容交流相比更加接近于死亡？诱惑必然会导致付出代价，因为人们会被诱惑，也就是说从自身中被拉出来，变成一个巫术的赌注：这里，一切都听从于即时分割的象征规则，它同样规定了残酷文化中凡人牺牲给神灵的关系，即暴力的无限认可和分享的文化。然而诱惑属于一种残酷的文化，它是现今留存下来的残酷文化的唯一礼仪形式，总之它是指定我们死亡的东西，我们死亡的形式将不是事故或机体形式，而是某种游戏规则那必须的和严格的形式，是该规则不可避免的后果：死亡将是任何象征公约的赌注，挑战的公约也好，秘密的公约也好，诱惑或倒错的公约也罢。

诱惑与倒错保持着非常微妙的关系。诱惑是否已经就是世界秩序的一种迂回形式？然而在所有激情中，在所有的心灵运动中，倒错也许是最近距离地对抗诱惑的反常激情。

两者都冷酷无情，在性的问题上都表现冷漠。

诱惑像是某样东西，它夺取了所有的快感、情感和表现，夺取了所有的梦境本身，并将梦逆转成另样的东西，偏离了梦的原始进程，逆转成另一种更为尖锐、更为微妙的游戏，其赌注不再有结束与起源，既没有冲动的起源，也没有欲望的起源。

如果存在一条性的自然定律，存在一个快感原则，那么诱惑就是要否定这个原则，代之以另一条游戏规则，一条任意的规则。在这个意义上，诱惑是倒错的东西。倒错的不道德性如同诱惑的不道德性，它并非来自对违反道德的性快感的纵乐，而是来自对性本身的放弃，这是一种更严重更为微妙的放弃，性不再是一种参照，不再有道德，包括性快感在内。

游戏，而不是享受。倒错者在性方面表现冷淡。他能将性欲和性转变成礼仪性矢量（vecteur rituel），转变成礼仪和仪式的抽象，一种符号的急切赌注，而非欲望的交流。他将整个强度扩展到符号及其展示层面上，就像阿尔托将强度扩展到戏剧展示层面上一样（符号在现实中的野蛮出现），这也是一种仪式的暴力，而绝对不是冲动的暴力——唯有礼仪是暴力的，只有游戏规则是暴力的，因为它能让现实体系彻底结束：这便是它真正的残酷，这与是否流血没有任何关系。因此倒错在这个意义上非常残酷。

倒错秩序的蛊惑威力来自一种建立在规则基础上的礼仪崇拜。倒错并不是冒犯法则的东西，而是脱离法则并忠于规则的东西，它不仅摆脱了繁殖的目标，还摆脱了性范畴本身，摆脱了自身的象征法则，走向一种礼仪化的、调节过的、仪式性的形式。

倒错的协议恰恰不是一种协议,不是两个自由交换者之间的一种交易,而是一种公约(pacte),其目的是要遵守一个规则,建立一种二元关系(正如挑战那样),即排除任何第三者(与协议决然不同),在个人极点方面是不可分割的二元关系。正是这个公约,这个二元关系,这个与法则格格不入的义务网络使得倒错的一方面不受外部世界的伤害,另一方面无法用个人无意识的词语来分析,因此精神分析学无法介入。因为规则的秩序并不属于精神分析学的司法权限,只有法则的秩序属于精神分析学。然而,倒错完全属于另外一个世界。

二元关系废除交换法则。倒错规则废除性的自然法则。它像某种游戏规则那样具有任意性,其内容无关紧要,根本要害在于它强加一种规则,一个符号或一个符号体系,使性意识抽象化(这可能就像克洛索夫斯基①的货币,变成了一种倒错的礼仪矢量,整个地背离了交换的自然法则)。

于是就有了修道院、黑社会、萨德的城堡和倒错世界的亲缘关系。还有各种愿望,不同仪式,萨

---

① 克洛索夫斯基(Pierre Klossowski,1905—2001),法国小说家、哲学家。作品有《中断的天职》、《狄亚娜出浴》、《慷慨的法则》、《尼采与恶性循环》、《活人货币》、《不朽的少年》等。

德式的无数礼仪规定。正是对规则的崇拜将它们联合到了一起——这里分享的就是规则，而不是失调。而在这条规则中，倒错者（一对）完全可以接受所有的社会歪曲和感情扭曲，因为这只触及到法则（在高布罗①那里，只触及到布尔乔亚：在那里，一切都是可做的，只要阶级的规则，将其定义为阶层的任意符号的体系被完好保留）。所有的冒犯都是可能的，只是不能冒犯规则。

于是，倒错和诱惑在它们对自然秩序的共同挑战中相互吸引。但是它们又在众多情况下相互激烈地对抗，就像在《收藏家》的故事中，人们看到嫉妒和倒错的激情战胜了诱惑。或像在雷奥·歇尔②的《舞女》中报道的故事那样：集中营的一个纳粹党徒强迫一位犹太姑娘在死前到他面前跳舞。她只好遵命，随着她舞蹈的进行，她渐渐迷惑了纳粹党徒，向他靠近，偷到他的武器把他杀死。两个现时的世界，纳粹党徒的世界，倒错而又令人惊讶的威力的典型，一种蛊惑的威力（留给至高权

---

① 高布罗（Edmond Goblot，1858—1935），法国哲学家与逻辑学家。作品有《司法与自由》、《论逻辑》、《鸿沟与层次》等。在《鸿沟与层次》中，高布罗分析了现代布尔乔亚的社会文化特性，提出文化是区别现代阶级的主要特征，而不再是某阶层的社会经济地位。

② 雷奥·歇尔（Léo Scheer，1947— ），法国出版商、社会学家。作品有《无主人的社会》、《虚拟民主》、《独特性的假设》、《结束信息社会》等。

力的威力,这个人掌握着你的生杀大权),还有姑娘的世界,用舞蹈进行诱惑的典型,最后的胜利:诱惑突然进入蛊惑的范畴,使之逆转(多数情况下,它不会给诱惑留下进入的机会)。这里很明显,两种逻辑相互排斥,二者势不两立。

然而在两者之间是否具有一种持续逆转的循环呢?收藏的热情最终还是会给年轻姑娘施加一种诱惑(或者就是一种蛊惑?然而还需再问,区别究竟在哪里?),一种眩晕,这种眩晕来自划定一个被排除的世界的失望企图。收藏的热情同时还勾画出一个崩塌的场所,一个虚空,由于过度对抗诱惑,这个虚空便施行一种新的吸引形式。

有一种诱惑是倒错的:它是歇斯底里的,因为它用诱惑来自我保护。而有一种倒错是颇具诱惑力的,因为它使用倒错的迂回法进行诱惑。

在歇斯底里症中,诱惑变得淫秽。但在某些黄色色情的形式中,淫秽则重新变得具有诱惑力。暴力可以诱惑。那强奸本身呢?可恶物和卑贱物也可以诱惑。那倒错的迂回法到哪里为止?转换的循环到哪里结束?人们是否应该中止它?

然而,还继续存在一种深层的差别:倒错者从根本上藐视诱惑并企图给诱惑编码。他试图给诱惑确定规则,将规则统一到文本中,将规则陈述到一个公约中。这么做,他就打破了基本的规则,即秘密的规则。与其观察诱惑的灵活仪式和灵活决斗，倒错者更想设立一种固定仪式和固定决斗。通过将规则确定为某种神圣或诲淫的东西，通过将它确定为目的，即确定为法则，他就勾画出一种绝对的防护：戏剧规则占据了上风，如同歇斯底里症，身体戏剧占据了上风。推而广之，诱惑的所有倒错形式都具有这种共性，它们全都泄露了诱惑的秘密，而这里的基本规则就是诱惑从来都不应该被点破。

在这个意义上，诱惑者本身就是倒错者。因为他也使诱惑偏移了其秘密的规则，使诱惑进入了一种协同的操作。诱惑中的诱惑者如同游戏中的作弊者。如果说游戏的目标是为了获胜，那么作弊者将是唯一真正的玩家。如果说诱惑具有一个目的，那么诱惑者将是诱惑的理想形象。然而游戏与诱惑恰恰不是这种情况，完全可以断言，决定作弊者做法的东西，让他不得已而选择一种不惜工本和无耻的获胜策略的东西，那就是对游戏的仇恨，对游戏的专有诱惑的拒绝。正像我们完全可以断言的那样，正是对诱惑的恐惧调节着诱惑者的行为，被诱惑的恐惧，对抗一种冒险式挑战的恐惧，这是对诱惑者自身真理的挑战：正是这一点让诱惑者投身于对性的征服，不久也将投身于数不清的征战，在这些征战中，诱惑者可以让其策略变成偶像物。

倒错者投入的正是一个控制与法则的怪癖天地。对偶像化规则的控制，一种绝对礼仪的划定：游戏不玩了。什么都不动了。只有死亡，只有自身的死亡尚能进入游戏之中。拜物教就是死人的诱惑，包括倒错规则中的拜物教。

倒错是一种冰冻的挑战，诱惑则是活生生的挑战。诱惑是运动的、短暂的，而倒错则是单调的、没完没了的。倒错是戏剧式的、默契的，而诱惑是秘密的、可逆的。

受体系性困扰的体系具有迷惑力：它会截获死亡，将它当作迷惑的能量。这样，收藏的激情企图抓住并固定住诱惑，将它转换成死亡的能量。这时，体系的缺陷将重新变得分外诱人。恐怖被讽刺所破解。或者诱惑紧盯着系统，紧盯着系统的惯性点（point d'inertie），在系统停止的地方，在此以外，不再有任何东西，不再有可能的表现——非回归点（point de non-retour），这里的轨迹变得缓慢，物体被自身的阻力和密度所吸收。在这个惯性点周围究竟发生了什么？物体在这里被扭曲，就像被天际的微分气层所折射的阳光——被其自身的质量压扁，它不再遵循自身的规律。关于这种惯性过程，我们知之甚少，只知道有样东西在这个黑洞的边缘注视着它们：非回归点再次变成了完全可逆的点，一个灾难的点，那里的死亡弧自行消散，成为一种全新的诱惑效应。

诱惑的政治命运

规则的激情

> 任何玩家都不应该比游戏本身更加伟大。
>
> 《滚球大战》①

这是《诱惑者日记》中所说的意思：诱惑中并没有某种策略的主人主体，而策略呢，当它在完全知道其手段的情况下展开时，它还是受制于某种超越它的游戏规则。作为法则（loi）以外的礼仪戏剧，诱惑是一个游戏，也是一种命运，正像其游戏对手被带向各自不可避免的目标那样，并不违背规则（règle）——因为正是规则将它们联系在一起——这便是其基本的义务：必须让游戏继续下去，即使付出死亡的代价也在所不惜。有一种激情

---

① 《滚球大战》（*Rollerball*），美国导演诺曼·杰维森根据威廉·哈里森的科幻小说《滚球谋杀者》改编的电影，于1975年上演。引文为剧中台词。

将游戏者与规则联系起来,规则又将游戏者联系起来,没有这个规则,就没有可能的游戏。

我们共同生活在法则的秩序中,甚至生活在废除法则的幻觉中。我们只能在对禁忌的冒犯或取消中看到法则的彼处。因为法则和禁忌的格局(schème)控制着冒犯和解放的反向模式。然而与法则抗衡的东西绝不是法则的缺席,而是规则。

规则(Règle)是在任意符号的内在连接上做文章,而法则(Loi)则建立在必要符号的超验连接之上。前者是约定程序的循环和重复出现,而后者是在不可逆的持续性上建立的一个行为体。规则属于义务的范畴,法则属于约束和禁忌的范畴。因为法则设置了一条分割线,它能够也应该被人冒犯。相反,"违反"一条游戏规则没有任何意义:在一个循环的重复出现中,没有需要跨越的分界线(只需走出游戏,句号,事情到此了结)。对于法则,不管是能指的法则,还是去势的法则或社会禁忌的法则,它想充当话语的符号,一种合法结构体的话语符号,一种被掩盖的真理的话语符号。法则到处设置禁忌和压抑,因此也是对明显话语和潜在话语进行的划分。由于规则是约定俗成的,任意的,没有被掩盖的真理,它不会经历压抑,也不会有明显和潜在的区分:它仅仅是没有意义而已,并不走向任何地方;而法则却有明确的目标。规则的无限可逆循环与法则的线性目标连接形成鲜明的对照。

符号在规则和法则中不具有同样的地位。法则属于表现的范畴,可以通过阐释和解译来证明。它属于命令和陈述行为的范畴,其主体不能无动于衷。它是一个文本,会在意义和参照的打击下倒地;规则没有主体,其陈述的方式并不重要;人们不会解译它,这里不存在意义的快乐——唯一重要的是对它的遵守和这种遵守的眩晕。这样也区别出游戏的仪式性激情,其强度,还有与服从法则紧密相连的享受,或与冒犯紧密相连的享受。

为了抓住礼仪形式的强度,我们无疑应该破除这样的想法,即任何幸福都来自大自然,任何享受都来自某个欲望的实现。游戏,游戏的领域则从反面向我们揭示了规则的激情,规则的眩晕,来自某种仪式的威力,而不是来自某种欲望的威力。

对游戏的痴迷是否来自一种梦的境地?即人们在梦中摆脱了现实,而且在任何时候都可以自由地离开游戏?然而情况并非如此:游戏服从于某些规则,做梦可不是这样,人们不会丢开游戏。游戏所创建的义务与挑战的义务属于同一范畴。丢开游戏可不属于游戏的做法,不可能从内部去否定游戏。这种不可能性形成游戏的魅力，使它区别于现实范畴，同时创建一个象征公约，一种没有限制的遵守约束，把游戏进行到底的义务，就像把挑战进行到底那样。

游戏所建立的秩序是约定俗成的秩序，它与现实世界的必要秩序没有共同的尺度：它既非伦理的秩序，也非心理的秩序，对它的接受（对规则的接受）既非屈从也非被迫。只是在我们精神和个体的感受中不存在游戏的自由。游戏不是自由。它并不听从自由意志的辩证法，这种辩证法是假设的辩证法，属于现实和法则的领域。进入游戏，就是进入一个义务的礼仪体系，其强度来自它的秘传形式——绝对不会来自某种自由的效果，不会像我们一厢情愿所想的那样，通过我们的意识形态的一种斜视效果，处处将目光偏向那个幸福与享受的、唯一"自然的"源泉。

游戏的唯一原则，就是规则的选择助你从法则中解脱并走向规则，然而这一点永远也不能当作普遍真理。

规则没有心理学或形而上学的根基，也没有信仰的根基。一条规则，谈不上相信它或不相信它——人们只是遵守它而已。这种信仰的模糊领域，对覆盖整个现实的信誉的要求，都被汽化在游戏中——于是便有了非道德性：做下去但并不相信它，约定符号和无根基规则的直接迷惑在其中大放异彩。

债务也一笔勾销：这里不能赎买任何东西，不能与过去结算任何账目。出于同一原因，可能与不可能的辩证法也与规则毫不相干：与未来也不能结算任何账目。没有任何"可能的"东西，因为一切都在其中游戏，一切都在其中解决，没有交换方法，没有希望，一切都在即时的逻辑中，毫不留情。因此人们不会围着扑克牌桌嬉笑，因为游戏的规则是冷的，然而并不从容不迫，而没有希望的游戏永远也不会是诲淫的，永远也不会取笑什么。游戏肯定要比生活更为严肃，这在以下反常事实中可见一斑，即生活可以成为游戏的赌注。

游戏并不怎么建立在原则之上，正像它不怎么建立在现实原则上一样。其原动力就是规则的迷惑力，由规则划定的范围的魔力——然而这个范围完全不是幻想的范围或消遣的范围，而是另一个逻辑的范围，人为的和入门的逻辑，生与死的自然决定在其中消失的逻辑。这便是游戏的独特性，这便是它的赌注——想把它废除在经济逻辑内将是徒劳之举，因为经济逻辑参照于有意识的投资，或废除在欲望逻辑中也是徒劳，因为欲望逻辑参照于一种无意识的赌注。有意识或无意识：这种双重决定将对意义和法则领域产生价值，而对规则和游戏领域则不产生价值。

法则描述一个意义与价值的体系,一个潜在的普遍体系。它以客观的认可为目标。在这个建立法则的超越的基础上,法则将由现实总和的结构体组成:所有的冒犯和革命打开了通向法则普遍化的道路……规则呢,它是一个受制的有限体系的内在规则,它能描述这个体系,但又不能超越它,在这个体系内部,它是永恒不变的。它并不针对普遍性,说得更准确些,它甚至没有外在性,因为它并不建立内部的断裂。正是对法则的超越构成意义和价值的不可逆性。正是规则的内在性,它的任意性和它的区域,在其自身范围内导致了意义的可逆性和法则的转换。

规则在无彼处的范围(这不再是一个世界,因为它不再针对普遍性)中的登录与某个无限世界的概念一样晦涩难懂。如果没有一个彼处,我们无法想象任何界限:我们的有限总是在一个无限上进行分割。而游戏的范围呢,它既不是有限的也不是无限的——也许是跨有限的。它有自己特定的弧,并通过这个有限的弧去抵抗分析空间的无限性。重新发明一个规则,这就是抵抗分析空间的线性无限,以便找到一个可逆的空间——因为规则就其本义而言有自己的运行周期：面向某个中心点的对流和周期的转换（在世界的周期中，礼仪场景就是这么运转的），脱离任何起源与终结的逻辑，脱离任何的因果关系。

离心维度的结束：突然和强大的空间万有引力，时间被取消。时间内爆（imploser）在瞬间中，变得具有另一种密度（densité），不再受传统物理学法则的约束——整个事件的展开顺着一个螺旋的弧走向中心，那里的强度更为强烈。这便是游戏的迷惑力，晶体的激情，它抹去了痕迹和记忆，让意义消失。任何激情在形式上都与这种迷惑力相似，然而游戏的迷惑力则是最纯净的迷惑力。

最典型的相似性就是各种原始文化的相似性，人们把它们描述为自我封闭的文化，对其余世界没有任何想象。这正是因为其余的世界只为我们而存在，而它的封闭性也远不是限定性的，它属于一种不同的逻辑，而我们则身陷普遍性的想象中，没有能力再设想这种逻辑，充其量只能以蔑视的方式把它当作一个视野，一个与我们的眼界相比很有限的视野。

原始文化的象征范围不知道其余文化。游戏也一样，它与现实不同，它已经不剩下任何现实的东西。游戏没有故事，没有记忆，没有内部积累（赌注在其中消耗，不停地转换，这是游戏的秘密规则,没有任何东西由此输出,既没有利润也没有"剩余价值"),游戏的内部范围没有剩余物。甚至都不能说在游戏之外还剩余什么东西。"剩余"假设了一个没有解析的方程,一个没有实现的命运,一种减少或一种压抑。然而游戏的方程总是得到完美的解析,游戏的命运每次都能得到实现,不留下任何痕迹(在这一点上,游戏有别于无意识)。

无意识理论假设这一点,即某些情感、场景或能指最终不再能够进入游戏——被排斥在外,已经出局。游戏则建立在这种假设上,即一切都可以进入游戏。否则,就必须接受这一点,即人们一直在输,而且正是因为一直在输,人们才不断地进行游戏。但是在游戏中并没有丢失的物品。游戏中没有任何先于游戏的不可缩减物,尤其是没有提前的假设负债。如果说游戏中有驱魔术,这肯定不是根据法则签订的一种协议负债的驱魔术,而是法则本身的驱魔术,就像一个不可补偿的罪行,法则的驱魔术,作为一种区分,一种在现实中不可补偿的超验,而对它的冒犯只能是罪上加罪,债上累债,丧事上再加丧事。

法则建立起一种法定的平等:法则面前人人平等。相反,在规则面前则无平等可言,因为规则并不是一种法定裁判权,必须将人分开才能实现平等。然而对手们并没有被分开，他们首先被安排在一种二元和角斗的关系中，从来没有分离成个体。他们并不互相联系，相互关联就已经是社会性形式思想的征兆，一个竞争团体的精神理想。他们**互相联系着**：对等性是一种义务，它不需要相互关联，其规则涵盖着这种关系，它不需要被反映，也不需要内化。

规则的运转不需要任何结构的、形式的、道德的或心理的上层建筑。这恰恰因为它是任意的，根基不稳的，没有参照的，因此它不需要共识，也不要团体的意志或真理——它存在着，仅此而已，它只是以分割的形式存在着，而法则却漂浮在分散的个体之上。

这种逻辑完全可以用高布罗的逻辑来阐明。高布罗将这一逻辑陈述为等级的文化规则（而且据他所说，这也是布尔乔亚的规则）。他在《鸿沟与层次》中说：

1. 对手在规则分割中的完全对等：这就是"层次"。

2. 规则的排他性，对其余世界的排斥：这就是"鸿沟"。

在自身范围中的治外法权，在义务和特权中的绝对相互性：游戏将这种逻辑还原到纯粹状态。同僚之间的角斗关系从来也不质疑对手间特定的相互地位。而对手完全可以到达一种零和解的状态，所有的赌注都可以取消，重要的是要保持相互的迷惑力，保持规则产生的任意性。

因此二元关系排除任何个人的劳动，任何的个人功绩和品质（尤其是在运气游戏的纯粹形式中）。个人特征只能被当作一种优雅或一种诱惑，没有心理的对等。游戏就是这样，这是规则的神圣透明性所要求的。

游戏的迷惑力来自一种解脱，即普遍性从有限空间中的解脱——平等从即时二元对等中的解脱——自由从义务中的解脱——法则从规则和仪式的任意性中的解脱。

在某种意义上，人在仪式面前要比在法则面前更为平等（也许这就是礼貌要求的由来，要求有一种仪式性的遵循惯例，尤其是在文化层次不高的阶层中：人们会更好地分享约定俗成的符号，而难以分享"智慧的"和充满意义的符号）。人们在游戏中要比其他任何地方都更自由，因为他们不用去内化规则，只需给予规则一种礼仪的忠诚，他们摆脱了违反规则的要求，就像法则摆脱了这种要求一样。有了规则，我们将摆脱法则而自由。解除了选择的约束，自由、责任与意义的约束！意义的恐怖主义抵押只有通过任意符号来消除。

然而我们也不应弄错：约定符号、礼仪符号都是一些强迫性符号。任何符号都不能单独在与现实的协调关系和真相关系中自由地指意。符号所采取的自由，正像当代个人所采取的自由，这种按人们情感与欲望（意义）连接的自由，对于约定符号来说并不存在。符号不能这样去冒险，满载着自身的参照（référence），满载着意义的碎片。每个符号都与另一符号相联系，并不是在某一语言那抽象的结构中，而是在某一仪式的荒唐进程中，所有符号都互相呼应，叠加到其他同样任意的符号中。

礼仪符号并不是一个表现的符号。它不值得拥有智慧。但是它又可以向我们释放意义。因此我们与这种符号紧密相连。游戏的负债，荣誉的负债——所有触及游戏的东西都是神圣的，因为它是约定的游戏。

在《恋人絮语》中，巴特为他选择字母排列提出辩解："要使意义的企图扫兴，就必须找到一个绝对无意义的秩序"，也就是说既不是一个认同的秩序，也不是一个纯偶然的秩序，而是一个完全约定的秩序。因为巴特援引一位数学家的话说，"不应该低估偶然性的、生成魔鬼的能力",也就是说生成逻辑序列,即意义的能力。

换言之:完全的自由或完全的不确定性并不是与意义相对的东西。人们可以通过无序和随机的简单游戏去生产意义。新的意义对角线、新的序列可以从欲望的混乱流出中孕育出来:它们就在所有现代的、分子的和强度的哲学中产生出来。这种哲学声称要通过折射、欲望的分支和布朗运动来挫败意义——像对等偶然性那样,我们也不应该低估欲望那生成(逻辑)魔鬼的能力。

人们不能通过解除关系、解除连接和去领地化等方法摆脱意义。只有通过一个更为基本的拟像来替代意义效果才能摆脱意义,通过一个更加约定的秩序——就像巴特所说的字母排列,就像游戏规则,就像数不清的日常生活礼仪,它们既挫败了意义的无序(偶然性),又挫败了人们想强加的(政治、历史和社会)意义的有序。

不确定性,解除关系,增生为繁星(étoiles)或无数根茎(rhizomes),这只能将意义效果普及到无意义的整个领域,只能普及意义的纯粹形式,一种没有目的没有内容的目的性形式。 只有礼仪能废除意义。

因此不存在"冒犯的礼仪"。这是一个自相矛盾的词，尤其是用在庆典方面时，这给我们的革命派带来了诸多的麻烦：庆典是对法则的冒犯吗？或是法则的再生？荒唐！礼仪，庆典的仪式典礼并不属于法则的范畴，也不属于冒犯法则的范畴，而是属于规则的范畴。

对魔法来说同样不合逻辑。我们到处都在根据法则重新阐释属于规则的东西。因此我们在魔法中看到一种企图，用诡计去对付生产和劳动的法则。野蛮人也许就有同样"有用的"目的，但是他们想节省理性的努力去达到目的。而事实上并非如此：魔法是一种仪式，它旨在维持一种对世界的相似连接的游戏，由事物符号连接所有事物的一种循环式连接——有一个庞大的游戏规则在主宰着魔法，而根本的问题在于通过仪式的操作，使所有的事物继续进行游戏，通过类比性毗连，通过越来越近的诱惑进行游戏。这与因果关系的线性连接没有任何关系。这种连接就是我们倡导的连接，是一种客观的连接，它同时是不合规则的连接：它打破了规则。

相对于法则而言，魔法并不属于诡计的范畴，它不作假。它身在别处。因此，根据这个标准来评判它显得荒唐，同样，根据自然的"客观"资料来质疑游戏规则的任意性也很荒唐。

在对待赌钱游戏上，同样是不太客观的反常逻辑。游戏的目标应该是经济方面的：不劳而获的目标。有与魔法一样的省去步骤的方法。有对等价和劳动原则的冒犯，这个原则统治着"现实"的世界。游戏的真相应该到现实世界和价值诡计中寻找。

这么想就是忘记了游戏诱惑的威力。不仅忘记了将你带向现时的威力，还忘记了与规则相连的价值改观的威力。游戏的金钱已经偏离了它的真相，诱惑：与等值的法则割裂（他"赌兴正浓"），也与表现的法则割裂：金钱不再是表现符号，因为它已经被改变成赌注。而赌注则与投资毫无关系。在投资中，金钱还保留着资本的形式——而在赌注中，它采取了挑战的形式。"下赌注"与投放资金没有任何关系，同样，诱惑赌注与性投资也没有任何关系。

投资，反投资：这是冲动与性欲的心理经济。游戏、赌注与挑战，这是激情与诱惑的形象。推而广之：任何金钱的、语言的、性欲的、情感的材料，根据它被动用到投资中或是被转换成赌注，其意义则发生了根本的变化。两种形象水火不相容。

如果说游戏具有某种目的性，那真正的玩家

就是作弊者。然而，如果说在冒犯法则的事实中有某种威信的话，那么在作弊的事实中，在冒犯规则的事实中则没有任何威信。此外，作弊者并不冒犯什么，因为游戏并不是一个禁忌体系，没有需要逾越的界线。规则不会被"冒犯"，他只是不被遵守。然而对规则的不遵守并不会让你处于冒犯的状态，它只是让你重新受到法则的惩处。

这便是作弊者的情况，他通过亵渎礼仪，否定游戏的仪式公约，还原一种经济的目的性（或心理目的性，如果他作弊是为了获胜的快乐的话），也就是说恢复真实世界的法则。他通过一种个人决定的突然出现毁坏游戏的二元迷惑力。如果说从前他受到死亡的惩罚，受到严厉的否定，那是因为他的罪行事实上属于乱伦的范畴：打破文化游戏的规则，以便有利于"自然法则"。

对作弊者来说已经没有赌注可言。他将赌注混同于剩余价值的过程。当然，赌注首先是能够让人玩起来的东西，将赌注变为游戏的目的性，这就是一种舞弊。同样，规则也只是一种游戏的可能性，对手们的二元空间。把规则作为目的（作为法则，作为真理）的人同样会毁灭游戏和赌注。规则没有独立性，根据马克思的看法，没有商品和商品个体的优秀品质，这种经济领域中神圣不可侵犯的价值。而作弊者呢，他是自主的：他重新找到了法则，他自己的法则，对抗着规则的任意性礼仪——而这正是让他失去信誉的东西。作弊者是自由的，这就是他的堕落。作弊者是普通的人，因为他不再冒着被游戏诱惑的危险，因为他拒绝诱惑的眩晕。此外，人们还可以作出这样的假设，利润仅仅是一种托词：实际上，他作弊是为了逃避诱惑，他诱惑是因为害怕被诱惑。

游戏的挑战则完全是另外一回事，而且挑战总是一种游戏——并不仅仅局限于牌桌周围。那位美国人的故事就是证明，他在报纸上登了一则小广告："请给我邮寄一美元！"而他却收到了好几万美元。他没有向任何人承诺任何东西，这甚至说不上是一种诈骗。他并没有说："我需要一美元"——在这种情况下，永远也不会有人给他寄一美元。他让某种巧妙机会在某个地方漂浮，一种神奇交流的机会。比等值要多一点的某样东西。一种竞价。他蔑视那些人。

他们的介入出于怎样的高尚交易？为什么不用一美元去买个冰淇淋？他们肯定从来没想过他们将通过回复邮件而收到一万美元——事实上，他们以自己的方式应对了挑战，与其他方法一样有效的方法，因为赠送给他们的东西，就是一种神奇的差幅，在这个差幅中，人们每次都能赢钱：

> 人们永远不会知道，这事总能行得通（通过回寄邮件得到一万美元），而在这种情况下，这是众多上帝的恩典的符号（哪些上帝？就是那些传递小广告的人们）。
>
> 如果这事行不通，那是因为向我传达信息的那个隐晦行为体没有应对好挑战。那它活该。我在对抗上帝时，心理上已经获胜。

双重挑战：欺骗傻瓜的挑战，还有笨蛋对命运的挑战。如果命运压垮了他，他就两清了。犯罪感总是潜伏着，等待猎获驱魔法，人们总是可以指望它——然而这又并非是一个犯罪感的问题：回寄美元的荒唐举动是对小广告的荒唐挑战，这是最佳的牺牲式回应。可以这样总结："这后面不可能没有猫腻。我催告上帝们做出回应，或什么角色都不承担"——这总会让人快乐。

赌注和挑战，催告和竞价——这一切谈不上信仰的问题。此外，永远无人"相信"任何东西。从来就不是什么相信或不相信的问题，决不会比相信圣诞老人更当真。这是一个荒唐的概念，与动机、需要、本能、甚至冲动和欲望同属一个类型，而上帝还知道是哪些东西——同语反复向我们掩盖了这一点，即我们的实践中从来就没有什么信仰的"心理背景"，只有赌注，只有挑战——从来就没有对存在的思辨性计算（例如对寄美元的那个人的存在，或上帝的存在），而是一种不断的挑衅，一种游戏。人们不相信上帝，不再"相信"偶然，而只是在宗教和心理学的平庸话语中相信这些。人们蔑视这些东西，蔑视你们，与它们做游戏，而做这种事并不需要"相信"它，不应该相信它。

事情就是这样，在宗教范畴中的信仰和在爱情挑战中的诱惑都一样。相信针对上帝的存在——而存在从来就只是一种可怜和残留的身份，就是一切被除去以后剩下的东西——而信仰呢，它是对上帝存在的一种挑战，对上帝存在、还有死亡的挑战。通过信仰，上帝被人诱惑，他不得不做出回应，因为诱惑和挑战一样，具有可逆的形式。上帝通过恩泽（grâce）来回应，恩泽是上帝为回应信仰挑战所做的上百倍的转换。这一切形成一个义务体系，就像在礼仪交换中那样，而上帝总是与此事有关，他被迫做出回应，而他却从来没有被迫存在过。信仰满足于要求他存在，让他担保世界的存在：祛魅的形式、协议的形式——信仰将上帝变成一个赌注:上帝对人存在的挑战(人们只有用死亡来回应这个挑战)——人对上帝回应人的牺牲的挑战,即上帝反过来也要自我废除(s'abolir)。

人们总是期待比等值更多一点的某样东西,比存在契约更多一点的东西——正是这个额外的东西,这个与契约相比的挑战过度,这个与因果等值相比的竞价,才是真正的诱惑效果——游戏的诱惑,魔法的诱惑。如果我们在爱情诱惑中有这方面的经验,那么我们在与世界的关系中为什么没有同样的经验呢?象征的效率并不是一个徒劳的说法。它所做的只是反映另一种方式的存在,即存在一种财物与符号的流通,这种方式在效率和威力方面要比经济流通的方式高级得多。在游戏中获得的奇迹般的迷惑并不是金钱的迷惑:而是在等值法则之外,在交流的契约法则之外,与另一种象征回路(circuit symbolique)建立的某种关系,这是一种即时和过度竞价的回路,是事物范畴的诱惑的象征回路。

说到底,没有任何东西可以对抗这一点,即事物和生灵一样都可以被诱惑——找到游戏规则即可。

这就是偶然性的全部问题。魔法的赌博与我们的运气赌博是同样的赌博。赌注就是那份被掷在偶然性面前的价值,而偶然则被当作超验的行为体。然而这并不是为了获取偶然的恩宠：以便驳回偶然的超验，偶然的抽象，使它成为一个伙伴，一个敌手。赌注是一个催告，游戏是一场决斗：偶然被催促着做出回应，它与游戏者的打赌相联系——宣布同意或反对此事。偶然从来就不是中立的，游戏将它转变成游戏者和角斗的形象。

这也是游戏的基本假设所说的意思，即偶然并不存在。

这种偶然是我们随机装置意义上的偶然，是服从于概率论法则（而非游戏规则）的、纯粹概率的偶然，这是理性概念的现代偶然：一种随机的巨大中性（GNA），一个漂浮世界的缩影，这个世界由统计的抽象、非神化的神灵、解除关系和祛魅的精灵们统治着——这种偶然在游戏的领域内丝毫不存在。游戏在那里恰恰是为了驱除偶然。运气游戏否定世界的任何随机性分配，它想强迫这个中性的秩序，从反面重新开创一些义务，一种义务的礼仪秩序，去挫败自由和等值的世界。正是在这方面，游戏从根本上对抗法则，对抗经济。它总是质疑将偶然现实当作一种客观法则，代之以一个相关的世界，偏爱的、二元的和角斗的世界，而不是随机的世界——一个魅力十足的世界，一个诱惑的世界。

于是便有了围绕游戏的、众多的迷信操纵，在游戏中，许多人（卡伊瓦①）只看到堕落的做法。游戏者的魔力，那些在生日上做游戏直到发现级数（数字 11 曾经在蒙特卡洛游乐场连续出现 11 次）的人的魔力，野兔尾巴上、上衣口袋内的最巧妙的双倍赌注，这一切都充满着这种深层的思想，即偶然并不存在，即世界处于一些象征关系的网络中——不是随机的连接，而是一些义务的网络，诱惑的网络。只需让各种机制进行游戏即可。

游戏者全力保护自己，以对抗一个中性的世界，即客观的偶然所归属的那个世界。游戏者认为一切都是可诱惑的，数字、字母、调节其布局的法则——他想诱惑法则本身。任意一个符号，任何一个行为都具有意义，这并不意味着一种理性的连接，而是说任何符号相对于其他符号来说都是容易受伤的，任何符号都是受其他符号诱惑的，世界是由严酷的连接组成的，这些连接并不是法则的连接。

这就是游戏的"不道德"所在，它常常与下列事实比较接近，即总是想立即赢得很多钱。然而这就过分抬举它了。游戏要比这个更不道德。游戏是

---

① 卡伊瓦（Roger Caillois，1913—1978），法国作家和社会学家，法兰西院士。作品有《人与圣灵》、《小说的威力》、《西西弗斯岩石》、《美学词汇》、《游戏与人类》、《动物模仿》、《石头的文字》、《符号场》、《论想象》等。

不道德的,因为它用一个诱惑的秩序代替了生产的秩序。

如果说游戏是这个偶然的诱惑事业,钟情于符号到符号的强迫性连接,不是因果关系的连接,而且也不是级数到级数的随机连接,如果说游戏倾向于废除偶然的客观中立及其统计式"自由",将自由以决斗、挑战和调节的竞价截获下来,那就需要想象一种反常逻辑,正像德勒兹在《意义的逻辑》中所做的那样,想象一种"理想的游戏",这种理想游戏就在偶然的爆发中,在非决定性的增值中,会让位于所有级数的同时游戏,因此也让位于未来和欲望的基本表达。

两根链条(chaînes)永不相遇的零概率或极小概率,它将废除游戏(如果任何一根链条永远都不与另一根相遇,那就不会有偶然)。然而在任一时刻链条的不确定交叉的可能性也同样废除游戏。因为游戏仅仅设想一种交叉,即两根或数根链条在规则所确定的时空中交叉——偶然本身也只是在这一规则的条件下发生,这个规则与一种"完全的"偶然相比,丝毫不是一种对自由的限制,而是一种游戏出现的方式。

不会有"更多的"偶然,同样不会有更多的游戏。这就是将两者设想成一种连接的"自由",一种内在的偏转,一种秩序与序列的不断解体,欲望的无节制的即兴表演——一种随风而起的精灵或恶神——重新注入一点偶然,一种未来的增值,这种增值与世界的调节经济完全相反。

然而这是荒唐的事:没有或多或少的未来。既没有剂量也没有超剂量。要么世界被夹在未来的循环中,而且每时每刻都这样,要么不是这样。无论如何,"支持"未来没有任何意义,同样,支持偶然或支持欲望也没有意义,假设这种欲望存在的话:没有选择。"支持第一过程也还是第二过程的一种效果"(利奥塔①)。

某种加速的想法,某种增加强度的想法,加强游戏和偶然的想法,就像提高化学溶液中的酸性浓度那样,未来的某种指数增值的想法,这相当于把游戏和偶然变成一种能量功能,这种功能直接来自与欲望概念的混合。然而偶然并不是这样——也许还应当说,正像游戏者隐秘地预想的那样,根本就不存在任何的偶然。说到底,许多文化中既没有偶然这个词,也没有这个概念,因为对这些文化

---

① 利奥塔(Jean-François Lyotard,1924—1998),法国后现代哲学家。作品有《话语,辞格》、《马克思和弗洛伊德以来的偏向》、《冲动机制》、《里比多经济》、《后现代状况:关于知识的报告》、《论分歧》、《非人》、《判断力》、《哲学的贫困》等。

来说没有任何偶然的事,没有任何需要计算的事,甚至用不着概率论。只有我们的文化发明了这种统计式回应的可能性,无机的和客观的回应,死的和漂浮的回应,不确定性和现象的客观游荡。当人们好好思考一下,这种随机事件的假设,某个除去义务的世界的假设,清除了任何形式规则和象征规则的世界,这种对事物分子式的客观无序的假设——同一个在欲望的分子视觉中被理想化和赞扬的假设——是发疯的假设。这种假设与事物的客观秩序几乎同样荒唐,它假设了一种因果的连接,成为我们古典悟性(entendement classique)的光辉日子。根据剩余物的逻辑,这种假设正是来自这种悟性。

偶然的出生就像是决定的逻辑秩序的剩余物。即使将它具体化成运动的变量,偶然仍然是因果性原理的镜像形象。它的推广,它的无条件"解放",就像在德勒兹的理想游戏中那样,将属于剩余物的政治经济学,这种神秘的经济学如今到处都在构建——弱势词语向强势词语的结构颠倒:过去曾经诲淫的无意义的偶然,如今从其无意义中复活,重新变成一种欲望的游牧经济的口号。

游戏不是一个未来,它不属于欲望的范畴,它不是游牧的游戏。即使它有时是偶然的,它自称能够复制某种任意的星座,在同样的词语中复制无限的次数。循环的和重复的偶然:这就是它的特有形式。正是在这一点上,偶然最终独自结束因果性,结束其原理——并不是通过一种级数的随机秩序的突然出现,这种随机秩序只能形成一种因果性的破裂,处于散乱碎片中的减速,并不是对因果的超越——而是通过一种(可以称作永久)回归的潜在性,这是一种约定的和调节的境地的回归。

不是某个欲望的期限和欲望的"自由",不是一个自然未来的期限(世界的赫拉克利特①游戏或儿童游戏),而是某种礼仪形式的永久回归,是有意形成这样的形式。游戏的每个环节就这样将我们从生和死的线性中解救出来。

永久回归有两个形象。一个是统计的和中性的形象,平凡又客观的形象,它要求在一个有限的体系中,各种组合,即使是数不清的组合,也不应该是无限的,要求概率根据一个巨大的循环,有朝一日将同样的级数引导到同一个秩序中。贫瘠的形而上学:这是本性的永久回归,而且遵循的也是

---

① 赫拉克利特(Héraclite,西元前576—480),希腊哲学家。他认为事物既相互对抗又相互结合,世界是永远变化的世界,具有"普遍的理性"。他还认为火是万物之源:"一切事物都换成火,火也换成一切事物"。黑格尔非常崇拜赫拉克利特,把他当作现代辩证法之父。

自然的统计因果关系。另一种形象却是悲惨和礼仪的形象:它是有意的反复再现,就像游戏中的一种任意的非因的符号配置,每个符号需要下一个符号,毫不留情,就像在一个仪式过程中那样。这是某条规则的永久回归——也就是说一连串强制的行为与打赌——这个规则是否是世界本身的游戏规则,这倒无关紧要:在游戏那无限可逆的循环视野中,没有任何一种形而上学能够显示得更加清晰,尤其是欲望的形而上学无法做到,因为它还属于世界的自然秩序,或世界的自然无序。

欲望肯定是世界的法则,而永久回归则是世界的规则。对我们来说幸亏如此,否则,哪来游戏的快乐?

理想的眩晕就是掷骰子(coup de dés)的眩晕,最终会以"废除偶然"而结束,在不顾任何概率的情况下,当零连续出现多次的时候更是这样。被阻止的偶然的迷醉,被一种最终级数抓住的偶然,这就是游戏的理想幻觉:在挑战的打击下,看到同样的打击重复出现,偶然和法则会一下子消失。正是在对这种象征竞价的期待中,也就是说在对某个事件的期待中,即结束随机过程而又不落入某个客观法则控制的事件,所有的人才能进行游戏。每一次特别的打击仅仅引起一种平庸的眩晕,然而这只是命运竞价时的情况——这是命运真正介入游戏的信号——当命运本身似乎向事物的自然秩序发起一种挑战、并且进入一种妄想或礼仪的眩晕时,正是在这时候,激情会爆发出来,一种真正置人于死地的迷惑将掳获人们的精神。

　　这一切中没有任何想象的东西,只有一种迫切的需要,要结束差别的自然游戏,结束法则的历史性未来。没有比这更加伟大的时刻。面对欲望的自然喊价,其回应只有游戏和诱惑的礼仪性竞价;面对法则的协议喊价,其回应只有竞价和规则的形式眩晕。结晶状的激情,无与伦比的激情。

　　游戏不属于幻觉的范畴,它的重复出现并不是幻觉的重复。重复出现来自一个"他性"场景,这是一种死亡的形象。游戏的重复出现(récurrence)来自一个规则,这是一个诱惑与快感的形象。不管是情感还是表现,任何意义的重复形象都是一种死亡的形象。只有荒唐的重复出现才能激发快感,这种重复出现既不来自某种有意识的秩序,也不来自某种无意识的无序,它是一种纯粹形式的逆转和复现,根据内容及其积累的法则,它呈现出竞价和挑战的形式。

游戏的重复出现直接来自命运,它就在那里,就像是命运。它不像死亡的冲动或差别度的倾向性下降,降到意义体系的熵的黄昏,而是一种礼仪和仪式的咒语形式,在咒语中,符号互相施加着一种强大的引力,不再给意义留下任何位置,只能互相自行加强。这里也是诱惑的眩晕,被吸收在一种重复出现的命运中:我们所处的社会以外的所有社会都经历过这种礼仪的戏剧,这也是残酷的戏剧。游戏从这种残酷中找到了某种东西。在游戏旁边,整个现实都变成情感的东西。面对重复的纯粹形式,真理,甚至连法则都变成了情感的东西。

正如与法则相对的东西不是自由而是规则那样,与残酷相对的东西不是非决定性而是义务——既不是一种线性的连接,也不是一种爆发,这仅仅是被扭曲的因果性的浪漫主义,是一种可逆的连接,随着它从符号到符号的描述,可逆的连接完成了它的循环,就像波利尼西亚交换中的手镯和贝壳,隐去了交换的起源,省去了交换的目的。义务的循环不是一个编码体系。我们混淆了强大意义上的义务,礼仪和远古意义上的义务,在人类与事物的循环中,义务曾经有过这些意义,有过法则与编码的大众化约束,这些法则与编码以与自由相反的符号统治着我们。

在德勒兹的纯粹和游牧的偶然中,在他的"理想游戏"中,只存在解除关系和开裂的因果关系。然而只有通过概念的滥用才能将游戏与其规则分离开来,更加激发游戏的空想形式。通过同样的过度,或通过同样的便利,人们才能将偶然与定义它的东西分离开来:一种级数与概率的客观计算,使之成为理想的非决定性的主题,成为理想欲望的主题,这种欲望由无限的偶然事情组成,由无法计算的级数组成。况且,为什么还要有级数?为什么没有纯粹的布朗运动?然而布朗运动已经变成基本欲望的物理模式,它有自身的法则,这不是一个游戏。

以"理想游戏"的形式四面出击推断偶然,同时又不普及游戏规则,这有点像一个幻觉,即通过清除任何的缺乏和任何的法则使欲望更加强烈。"理想游戏"的客观理想主义,欲望的主观理想主义。

游戏是一个没有矛盾、没有内部否定性的体系。因此人们无法取笑它。如果说它不能被人戏仿,那是因为它的整个组织就是戏仿的组织。规则就像法则的戏仿式拟像在进行游戏。既没有颠倒也没有颠覆,而只有拟真中的逆转。游戏的快乐是双重的快乐:时间与空间的取消,一个被施魅的领域,具有牢不可破的互利形式的领域——纯粹的诱惑——对现实的戏仿,法则约束的形式竞价。

有没有比这更美的对价值伦理的戏仿？尽管拥有美德的不妥协性，仍然屈服于偶然的材料或某条规则的荒唐。有没有更美的对劳动和生产价值、对经济和计算价值的戏仿？即比打赌和挑战的概念更美的模仿，比不对等的不朽更美的模仿，这种神奇的不对等的非道德就处在赌注和可能的获胜（或输钱，输钱也是不道德的事）之间。有没有更美的对任何协议与交换的戏仿？即比那种魔术的默契、那种偶然与对手的角斗式诱惑事业、那种二元的义务形式更美的模仿，这种二元的义务形式就处在与规则的关系中。有没有更美的对我们所有价值的否定，对所有意志、责任、平等、正义等道德和社会价值的否定，即比吉祥物和有害物的增加，比与无法证明的命运进行对等游戏的狂喜更美的模仿。有没有更美的对我们自由意识形态的戏仿？即比规则的激情更美的模仿？

有没有更美的对社会性本身的戏仿？即比博尔赫斯①寓言《巴比伦彩票》更美的模仿。并且遵循其不可避免的注定逻辑，即通过游戏拟真社会

---

① 博尔赫斯（Jorge Luis Borges，1899—1986），阿根廷诗人、小说家和翻译家。1979年获塞万提斯奖。作品有《布宜诺斯艾利斯的激情》、《面前的月亮》、《圣马丁札记》、《恶棍列传》、《永恒的故事》、《虚构集》、《影子颂》、《沙之书》、《九论但丁》、《夜晚的故事》、《七夕》、《想象生灵之书》等。《巴比伦彩票》为《虚构集》中的一部短篇小说。

的逻辑。

"我属于那个令人眩晕的国度，那里的彩票是现实的一个主要部分"，某个社会的叙述就这样开始，在这个社会中，彩票吞噬了所有其他的机构。在开始时，它只是一种大众特色的赌博，人们都能从中赢钱：这种彩票令人生厌，因为"它并不面向人的整体能力，只面向希望"。人们希望有一种改革：在中奖数字的清单中插入一小部分相反的机会——人们按运气被迫支付一笔数目不小的罚金。这就成了一种根本的改变：它抹去了游戏的经济目的的幻觉。从此以后，人们进入了一种纯粹的游戏，一种没有限度的眩晕落到了巴比伦社会之上。通过抽签，一切都可以落到你头上。彩票变成了秘密的、免费的和普遍的游戏，任何自由的人都可以自发参与神圣的抽奖，抽奖每隔60个夜晚进行一次，而且将它的命运延续到下一次开奖。一次幸运的中奖可以让人变成一位富翁或魔术师，或让他得到他想要的女人，一次不幸的输钱可导致他被解肢或死亡。

总之，这是偶然的插入，插入到社会秩序和世界秩序的所有间隙中。所有的彩票错误都是好事，因为这些错误只会加强这种逻辑。欺骗、诡计、操纵等完全可以融入一种随机体系：谁能说它们是"真实"的？即来自一个自然和理性的连接？谁能说它们不是来自彩票的随机行为体？从此以后谁也无法知晓。宿命掩盖了一切，彩票效果具有普遍性，彩票及其公司完全可以停止存在，它们的沉默效率将在总体拟真的领域内发挥作用：整个"现实"活生生地进入了公司的秘密决定，而在真实的现实和随机的现实之间已经没有差别的可能。

甚至可以说，彩票公司本来就未存在过，世界秩序本来可以不作任何改变。然而它的假设却改变了一切。它只需改变整个现实，按原样改变，就像它从未有过的那样，成为一个巨大的拟像。与自身一样的现实，拟真所改变的现实，它就是现实本身，而非他物。

对于我们和我们"现实的"社会来说，彩票公司已经停止存在，正是在这种可能的整体拟真的废墟和遗忘之上，在这种拟真的整体螺旋体之上，即先于真实而我们又毫无意识的拟真之上——才有真正的无意识：对拟真的不了解，对令人眩晕的非决定性（indétermination）的不了解，这种非决定性调节着我们生命的秘密秩序——并不是对某些情感的压抑，或对某些表现的压抑，即我们无意识的平庸化视觉，而是对伟大游戏的盲目，对这一事实的盲目，即所有"真实的"事件，所有"真实的"

命运,它们并不经过一种前世的生活(况且这种假设本身要比我们客观原因的整个玄学更美,也更丰富),而是经过一种非决定性的循环,经过一种既有规则又很任意的游戏循环,而博尔赫斯的彩票恰好是其象征的体现。这种体现将事件与命运带向一种幻觉性相像,与自身完全相似,使我们将其当作真相。这种逻辑我们无法理解,我们的真实意识正是建立在这种拟真的无意识上。

让我们回忆一下巴比伦的彩票。不管它是否存在,彩票蒙在我们生活上的非决定性的面纱是终结性的。它的随心所欲的命令调节着我们存在的任何细节,我们不敢说这是一种隐藏的下层基础,因为下层基础的天职就是有朝一日要以真相的形式出现,而这里涉及的是一个命运,即一个游戏,总是已经实现的游戏,从来都是不可辨认的游戏。

博尔赫斯的独创之处就是将这一游戏扩大到整个社会范畴。在我们只看到游戏的上层建筑的地方,这种上层建筑相对于社会关系的下层基础而言又非常牢固可靠,那么整个建筑就会颠倒过来,使非决定性成为决定性行为体。决定社会基础和个人命运的不再是经济理由,劳动和历史的理由,不再是交换的"科学的"决定论,而是一种整体的非决定论,游戏和偶然的非决定论。宿命在此与一种绝对的运动性相吻合,一个专制体系与最根本的民主相吻合(所有命运的即时交流:这正好满足我们这个时代对多价性的渴望)。

这种颠倒是对任何协议、任何社会性的理性根基的罕见讽刺。关于规则的公约,关于规则(彩票)任意性的公约,它消除了我们所理解的那种社会性,正如仪式结束了法则那样。那些黑社会(sociétés secrètes)从来就没有出现过另样的情况,在黑社会的沸腾中,应该看到一种对社会性的抗拒。

对一种公约的、仪式的、随机的社会特性的留恋,对从协议和社会关系中被解救出来的留恋,对一个更为残酷也更加诱人的命运的留恋,对交流的留恋,它比人们用来哄骗我们的社会性的理性要求更为深沉。博尔赫斯的寓言也许不是一种虚构,而是一种描写,这种描写与我们先前的梦想极为相近,也就是说与我们的未来非常接近。

在拜占廷,调节社会生活、政治秩序、社会等级和金钱支出的是赛马活动。在这里则是赛马赌博,这是透过民主之镜所反射的古代赛马的惨白反光。赌博中流通的巨大金钱,通过打赌所交换的金钱,与拜占廷人的荒诞相比根本不值一提,他们将整个公共生活与赛马活动联系在一起。然而这仍然是游戏的一个征兆,它承担着众多社会活动的角色,承担着财富和等级的激烈运动。在巴西,这便是动物游戏①:游戏、赌博、彩票征服了那里所有的阶层,他们在那里赌着他们的整个收入和身份。人们可以引证游戏,就像引证一种面向不发达的消遣,直至其现代和悲惨的版本,游戏是不同文化的回声,在文化中,游戏与奢侈曾经是交流的结构和主要方式的发生器——也就是说与我们的图式完全相反的图式,特别是与马克思主义的图式(schéma)相反。不发达吗?只有社会契约的特权者,社会关系的特权者,他们可以从地位的高处评判事物,而这个地位本身就是拟像,并且无法兑换成命运的价值。他们觉得随机的实践贫乏无力,而这些随机实践实际上要比他们所处的等级高级得多。因为正像一个偶然的挑战那样,这些实践是对社会性的挑战,是对某个秩序留恋的标志。人们留恋一个更加冒险的世界秩序,一个更加冒险的价值游戏。

---

① 动物游戏(Jogo de Bicho),巴西民间的一种运气游戏,使用与数字对应的不同动物进行赌博。25种动物以4个数字一组对应于100个数字,如1—4为驼鸟,5—8为老鹰等。

二元、极性与数字

彩票是拟像——没有什么比通过偶然的反常命令来调节事物进程更加人为的东西。然而不要忘记这一点，这正是古代人通过鸡内脏或鸟儿飞行进行占卜的艺术，这也是现代阐释艺术在没有多少根据的基础上继续进行的事情。这一切都是拟像，然而其差别在于，对博尔赫斯来说，游戏规则完全替代了法则，其中的游戏重新成为一种命运，而在我们的社会中，游戏不过是无聊的和边缘的消遣。

面对博尔赫斯的宏大虚构，建立在随意命令上的社会，建立在一种游戏宿命之上的社会，面对这样一个残酷的秩序，即赌注永久存在、风险绝对存在的秩序，我们已经处在一个赌注的社会，风险很小的社会。如果说各种说法自相矛盾，还是应该说安全已经变成我们的命运——此外，很有可能的是命运的归宿对整个社会来说都是致命的——过分受保护的物种的命定性，它们会在驯化过程中因安全而死亡。

如果说巴比伦人死于彩票的眩晕，那是因为有某样东西深深地诱惑着他们，是因为他们蔑视了所有值得蔑视的东西：即他们自身的存在，他们自身的死亡。而我们自己的社会性则没有诱惑——有什么东西比社会性的想法本身的诱惑力更小呢？诱惑的零度。上帝从来也没有堕落到如此低下的地位。

面对诱惑和死亡的赌注，面对困扰游戏和礼仪世界的赌注，我们的社会性和它开启的交流和交换方式，随着社会性在法则符号下的世俗化，会显得极其贫乏和平庸，抽象和贫穷。

然而这还只是一种中间状态，因为法则的时代已经过去，与此同时消失的还有社会集团的时代，社会契约的威力。我们不再生活在规则和礼仪的时代，甚至不再生活在法则和契约的时代。我们生活在标准与模式之中，我们甚至找不到词语来形容正在接替我们社会性与社会物的东西。

| 规则 | 法则 | 标准 |
| 礼仪性 | 社会性 | ？？？ |

从现在起，我们生活在最小的社会性和最大

的拟真性基础之上。拟真孕育了安排现实与法则各自空间的极点的抵消，形成了仍然推动法则与社会性空间的潜在能量的消失。模式的时代，就是对立策略的威慑，使社会性和法则变成一种赌注——包括对它的冒犯。冒犯越多，超越就越大——但是我们也不会因此而进入规则与游戏的悲惨的内在性中，我们将处在标准与模式的冷酷的内在性中。这就是调节、威慑、反馈、战术要素的连接，在无参照空间中的连接等等。然而更主要的是：在模式的时代，信号的数字性（digitalité）代替了符号的极点性（polarité）。

二元性（dualité）　　　极点性　　　数字性

这三个逻辑是相互排斥的：
—— 二元关系是控制游戏、礼仪和整个规则范围的逻辑；
—— 极性关系，或称辩证关系或矛盾关系，是安排法则、社会和意义的逻辑；
—— 数字关系（这不再是一种"关系"——只能说是数字连接）是分配标准和模式的空间的逻辑。

我们应该在这三种逻辑的交叉游戏中，重新摆放诱惑概念的曲折关系，基本接受这个（二元的、礼仪的、角斗的概念,外加最大限度的游戏)概念,以替代那软性的接受,"气氛"的诱惑,一种无赌注世界的游戏色情化。

游戏和冷诱惑

> 因为我们以诱惑为生,
> 我们将会死在蛊惑中。

模式的游戏,其动态的组合将成为游戏世界的特征。在这个世界上,一切都会产生可能的拟真效果,一切都可以游戏,在没有上帝的情况下去辨认自己的同类,当作一种交替的明了状况。颠覆的价值在其中交替地起着作用,暴力与批评也在其中建立自身的样板。我们处在一种灵活和弯曲的世界中,这个世界不再有没影线(ligne de fuite)。过去,一个物体及其使用的协调性,一个功能和机构的协调性,所有事物及其客观的决定性,这些决定着一个现实原则——如今,却是一个欲望的时局,一个模式(一个请求和对拟真回应的提前)的局面决定着一个快乐原则。

游戏①活动，就是这个请求和模式的"游戏"。由于这种请求仅仅是对模式恳求的回应，是模式的绝对旋进，任何挑战都是不可能的。正是游戏的策略调节着我们交流的普遍性：由于它通过预见所有对手的打击的可能性来定义自己，并且通过提前的方法威慑这些打击，这个策略使得任何赌注都成为不可能。正是这个策略给一个没有赌注的反常世界提供了游戏的特征。

"广告"，广告的恳求，民意测验和所有媒体和政治模式的请求，它们不再以债权的面目出现，而是以信誉的面目出现：它们不再要求自己被赋予权力，而是有选择地成为一个系列中可支配的东西——包括娱乐。它与劳动一样，像是时间屏幕上的第二条流水线（不久将有第三条和第四条流水线？）。此外，美国的电视及其83个频道是游戏的生动体现：人们只能玩耍，切换频道，混合节目单，制作自己的蒙太奇（电视游戏的主导地位，在其内容方面仅仅是对媒体的游戏使用的回应）。这种游戏颇具迷惑力，就像任何组合那样。但是这已

---

① "游戏"，在法语中有两个词：jeu是指具体的游戏，如体育、棋牌、儿童游戏等；ludique是指游戏活动或游戏行为，是游戏的抽象概括。本章讨论的"游戏"主要是游戏活动和行为，法语为ludique。在与jeu同时出现时常常译作"游戏活动"，而在单独出现、并且作为抽象概念时，仍然译作"游戏"。以便与波德里亚的另一部著作《游戏与警察》相对应。

经不是魔法的范围,也不是诱惑的范围,这是正在开始的蛊惑的时代。

游戏显然并不与人们取乐的事实相对应。它甚至倾向于与警察相混合。简言之,游戏活动蕴含了网络运转的模式本身,网络的投资方式及操纵方式。它包括了所有与网络"游戏"的可能性,这些可能性显然不是一种交替方式,而是一种最佳运转的潜在性。

我们已经见识了游戏在功能行列中的退化——游戏的功能退化:治疗游戏、学徒游戏、净化游戏、创造性游戏。在儿童心理学和社会与个体教育学等所有领域,游戏已经变成一种"生命机能",儿童成长的一个必须阶段。或者移植到快乐原则上,成为革命性的交替方法,成为马尔库塞所说的,对现实原则的辩证超越,成为其他学者所说的游戏与庆典的意识形态。然而,以冒犯、自发性、美学无效性为形式的游戏,它还是古老的教育指导思想的崇高形式,这种思想旨在给游戏一种意义,给游戏指定一个目标,从游戏中清除掉诱惑的特有威力。游戏就像梦想、体育、睡眠、劳动或过渡物体:是生命与心理平衡必须的卫生,是一个体系进化和调节的卫生。这与构成其特点的幻觉激情完全相反。

不过,这还是一种功能性的尝试,试图将游戏纳入某种价值法则的形式。更为严重的是游戏的控制论吸收，即在游戏活动的普通类别中的吸收。

游戏的演变具有重大的意义：团体游戏或竞赛游戏，传统的纸牌游戏或台式足球游戏，如今已经过时的一代代电动弹子游戏（已经有屏幕但尚未"电视化"，一种电子与动作的混合物），现在又有了电子网球和其他一些计算机游戏，高速分子扫描的纹状屏幕，原子的操作，这些游戏与"劳动过程"中计算机监控的做法没有任何区别，与家庭范围内计算机的未来使用也没有多大区别，电视和视听设备只是先行一步：游戏活动无处不在，直至超市内对某一洗衣粉品牌的"选择"。若不牵强附会，还可以将毒品领域与镇静药物相比较，这也属于游戏的范围，因为毒品无非就是对感官键盘和神经元仪表盘的操作。电子游戏是一种软毒品（drogue douce），它们像毒品一样被使用，有同样梦游般的缺席，有同样的触觉快感。目前尚未到达遗传密码的地步，遗传密码将是控制活体生命的指挥键盘，在那里玩着人类"命运"的微分组合和微分变量：词语的"电视"命运在密码的分子屏幕上展开。关于这个遗传密码的客观性，要说的话还很多，这个密码随机在我们周围组合整个世界、在游戏的世界充当着"生物"样品。然而,"生物学"究竟是什么?它揭示了什么真相?或者说它揭示的只有真相,也就是说转换成操作仪表盘的命运。在我们生物遥控器的屏幕后面,不再有游戏、不再有赌注、不再有幻觉、不再表演什么,只有对屏幕进行调整,进行屏幕游戏,就像玩弄立体组合音响的音调和音色那样。

此外,立体组合音响是"游戏"的一个很好例子。在对立体组合音响的调试中,不再有音乐赌注,而是通过立体声键盘进行最佳调试的技术赌注。控制台和仪表盘的魔术:对媒体的操作占据首要地位。

在计算机上玩一盘棋又意味着什么呢?下棋特有的紧张感在哪里?计算机特有的快乐又在哪里?紧张感属于下棋的范畴,而快乐则属于游戏的范畴。电视转播的足球比赛也是同样的情况。不要以为这是同一场比赛:现场比赛是热的,转播的比赛是冷的——现场比赛是一种纳入了情感、挑战和表演的游戏,转播的比赛是触觉的、调整的游戏(镜头闪回、慢镜头、缩小镜头或特写镜头、拍摄角度等);电视转播赛首先是一个电视事件,就像电视剧《大屠杀》和《越南战争》,与电视剧没有两样。因此,美国彩色电视的成功,虽然来得比较迟,而且举步维艰,它却是在那一天实现的,即某家大型电视台将彩色引入了时事新闻：当时正好是越南战争。研究表明，颜色的"游戏"，这种创新带来的技术复杂化，使得电视观众在观看战争画面时更能够忍受。"更多的"真相产生了一种与事件相比更为游戏般的距离效果。

《大屠杀》。

那些犹太人不再是被送进焚尸炉或毒气室，而是进入了录音带和录像带，进入了显像管和微处理器。遗忘和消灭最终通过这种方法到达美学的维度——大灭绝最终在后视镜中结束，最终被提升到质量维度的高度。电视：对事件真正的"最终解决法"。

这种仍然停留在遗忘中的历史维度，以犯罪感和不言说形式出现的维度，已经不再存在，因为从今以后，"所有人都知道"，所有人都在大灭绝面前颤抖过——肯定的符号，即"这种事情"将永远不会再次发生。人们不花代价就能驱除的东西，掉几滴眼泪就能忘却的东西，事实上将永远不会再次发生，因为它正在发生着，就在现在再次发生着，恰恰就在人们声称要揭露这一事实的形式中，在所谓的承载驱魔法的媒体中：电视。同样的遗忘、清除和消灭的过程，同样的对记忆和历史的毁灭，同样的反向性发扬光大，同样的无回声吸收（absorption sans écho），与奥斯威辛集中营同样的黑洞。人们试图让我们相信，电视将通过集体意识的觉醒去解除奥斯威辛的关押，而实际上它是在维续这种关押，只是以其他的种类、在其他事物的庇护下进行，这一次不再是大灭绝的地点，而是一个威慑的媒体。

《大屠杀》首先（唯独）是一个电视剧事件（不要忘记，这是麦克卢汉的根本规则），也就是说，人们试图将一个冷的历史事件重新加热。这是一个既悲惨又冷酷的事件，冰冷体系中第一个最大事件，冷却体系、威慑体系和毁灭体系中的大事件。这些体系后来以其他形式（包括冷战等）展开，涉及到冰冷的群众（犹太人更多地与其死亡有关，也可能是自主管理着死亡，甚至是更能反抗的群众：被威吓致死，被自己的死亡威吓着），要通过一个冷的媒体即电视去加热那个冷的事件，并且为了他们自己这些冷的群众。他们在媒体面前只有一个触觉的颤抖机会，一种死后的激动，这也是一种威慑性颤抖，将颤抖和激动倾倒在遗忘中，怀着一种对灾难的崇高的美学意识。

为了加热这一切，进行一种政治或教育的组织配合绝不多余，以便给（电视转播的）事件一个意义。这是儿童想象中对这类节目的恐怖性恫吓。

所有社会劳动者被动员起来过滤这个事件,就像是这种人为的复活中有某种毒性的危险!其实危险倒像是来自反面:从冷到冷,冷酷体系的社会惯性。必须让所有的人动员起来,以重建社会性,热的社会性,从灭绝的冷酷怪物出发重建交流。这种节目对此很有好处:从已经死亡的事件中截取人工的热量,以便重新加热社会性的已经死亡的身体。所以便有了额外媒体的累加,以便通过反馈给效果加价:能证明节目的巨大效应的即时民意测验,信息的集体冲击——当然这些民意测验也只能检验媒体本身的电视成就。

必须说说电视的冷光。为什么冷光对想象(包括儿童们的想象)没有危害?原因是它不再运载任何想象物,而且事实上这不再是一个图像。应该让冷光与还擅长(但越来越不行了,因为它越来越受到电视的感染)强烈想象的电影相对抗——因为它还是图像。就是说这不仅是一个屏幕加上一个视觉形式,而是一个神话,一个还依赖于复体、幻觉、镜像和梦想的事物。"电视"图像中则丝毫没有这种东西,它不能暗示任何东西,它能吸引人,但仅仅是一个屏幕,甚至连屏幕也算不上:一个微缩的终端,事实上它立刻就处在您的头脑中——屏幕就是您，电视看着您——将您所有的神经元变成半导体，就像一盘磁带在播放——是一盘磁带，而不是一个图像。

这一切属于游戏的范畴，而游戏是一种冷诱惑的场所——电子与信息系统的"自恋癖"魅力，我们所有人都是媒体与终端的冷魅力，独自处在围绕我们周围的所有控制台中，处在控制台的操作性自动诱惑中。

在一个无区别世界中调整的可能性，运动着的整体"游戏"的可能性，这种可能性永远都具有迷惑力——甚至很有可能的是，游戏与里比多在某个地方相互交流，就在随机系统的那边，在某个欲望那边。这种欲望不再侵入法则的领域，而是从各个方向衍射到一个不再有欲望的世界中。这个欲望自身也属于游戏的范畴，属于体系的不断运动的拓扑学。这是一笔快乐的奖金（同时也是一笔焦虑的奖金），奖励给网络中任何一个运动着的微粒。它给我们每个人一种轻微的幻觉眩晕，数不清的或连续不断的分支，连接和断开连接。我们每个人都应邀变成一个微缩的"游戏体系"，一个可能的游戏微型体系，即有一种随机运转的、可自行调节的可能性。

这便是游戏的现代词义,"游戏行为"的词义,它蕴含了各种组合的灵活性和多功能性:体系的亚稳状态就建立在这一意义上的"游戏"的可能性上。它与被当作二元和角斗关系的游戏词义毫无关系:正是冷诱惑统治着整个信息与宣传领域,正是在这种冷诱惑中,如今的整个社会性及其上演过程消耗殆尽。

这是我们非常熟悉的拟真的巨大过程。间接采访、听众电话、全方位参与、言语要挟等:"你们身在其中,你们就是事件,你们才是大多数。"测验民意、测试心灵、检测无意识,以显示"本我"(ça)能多说话。整个新闻充满了这种幽灵式的内容,这种顺势疗法的移植,这种交际的白日梦(rêve éveillé)。循环式的安排,人们将"大厅的欲望"推向舞台,持续请求的集成电路。投入巨大能量去全力掌握这个拟像,以避免突发的非拟真化,这种非拟真化会让我们面对真切的现实,即基本意义的彻底丢失。

拟真与拟像:交际与社会性一样,它们在封闭的回路中运转,通过符号来强化一个无法找到的现实。而社会契约变成了一个拟真公约,并且得到媒体和信息的确认。况且没有人会在这件事上弄错:信息被当作一种气氛来经历,是一项服务,一种社会性的全息照相(hologramme)。而在广大群众中，有一种反向的拟真在回应这种意义的拟真：通过疏远来应对这种威慑，通过神秘的信仰来应对这种诱饵。一切都在循环，可以产生一种可操作诱惑的效果。然而诱惑并不比剩余事物更具有意义；这个词也只能蕴含一种对拟真新闻的游戏性参与，蕴含一种对模式的触觉性亲和。

心灵感应。

"我是罗杰——我能听到你，很清楚。""你能听到我吗？是的，我能听到你。""我们都能听到，我们说说话吧。""好的，那就说吧。"这便是网络通讯的唠叨废话，包括而且尤其是地下网络和交替网络。人们在地下网络中相互说话，相互听讲，相互通讯，人们玩弄表演通讯的最为巧妙的机制。维系对话的功能，相互接触的功能，言语支撑着言语的形式维度：这个功能首次由马林诺夫斯基①在美拉尼西亚人的语言中分离出来，并作了描述，然后雅各布森②又

---

① 马林诺夫斯基(Bronisław Kasper Malinowski, 1884—1942)，波兰人类学家、社会学家。作品有《原始社会中的性特性及其压迫》、《美拉尼西亚人的风俗习惯》、《美拉尼西亚西北部野人的性生活》、《文化进化的动力》、《人种学日记》、《原始心理学中的父性》等。

② 雅各布森(Roman Jakobson, 1896—1982)，俄罗斯裔美国语言学家，布拉格学派的主要代表人物。作品有《普通语言学要素》、《声音与意义六讲》、《论翻译的语言学问题》等。

在他关于语言功能的分析表中重新提到,因此这个功能在网络的远距离维度中畸形发展。当语言不再有任何东西可说时,为接触而接触就变成了语言的一种空洞的自动诱惑(autoséduction)。

自动诱惑是我们的文化特有的东西。因为马林诺夫斯基所描述的完全是另外的东西:一种象征性的激烈争吵,一种语言的决斗:通过讲故事,礼仪性短语,无内容的闲谈,土著人投身于一种挑战,给自己赠送一个礼品,就像一个纯粹的仪式。这里的语言不需要"接触":而我们则需要一种"接触"功能,一种交际(communication)的特有功能,原因就是我们弄不清交际是什么。正是在这个意义上,雅各布森可以将它分离出来,在近代,在他对言语活动的分析中分离出来,而交际在其他文化中则毫无意义,也没有词语来表达它。雅各布森的分析表以及他关于交际的公理体系,与语言的波折属于同一时代,因为语言已经开始不再交流任何东西。因此,迫切需要从分析角度重建语言功能的可能性,尤其要重建这个维系对话的功能,这在逻辑上完全是一种自明之理:如果在说话,那就是在说话。然而恰恰不是这样,"维系功能"是这样一种征兆,即应该重新灌输一些接触,制造一些回路,无休止地说话,目的只是为了让语言成为可能。绝望的境地,在这种境地里,简单的接触好像是一个奇迹。

如果说维系功能在网络中(即在我们媒体和信息学交际的整个体系中)自行恶性膨胀,那是因为远距离的距离(télédistance)使得任何一句话在字面上都不再有任何意义。因此,当人们说正在说话时,通过互相说话,人们只是在检验网络,检验是否连线成功。在网络上甚至不再有其他东西,因为在辨别信号的纯粹交替中,不再有发信者,也没有收信者。只有两个终端,一个终端发向另一终端的信号,它只是在检验"这网络"是否畅通,因此也是在检验什么都没有传输过去。完美的威慑。

两个终端并不是两个对话者。在"遥控"空间中(对电视来说也确实如此),不再有终点,也不再有确定的位置。只有位于消灭位置上的终端。况且正是在这一点上,雅各布森的整个分析表彻底崩溃,这个分析表仅仅对话语与交际的古典配置有效。它在网络空间中不再有意义,这里只有纯粹的数字性在统治。在话语空间中,那还是终点的极点性、区别性对立的极点性在调节着意义的出现。一个结构,一个句子,一个区别的空间,还是这些东西在调节着对话、符号(能指与所指)和信息(发信者与收信者)的对话,等等。二进制的0和1,或十进制的数字,都已经不再是一种区别性对立，一种调节性区别。而是"比特"，电子脉冲的最小单位，它不再是一个意义的单位，而是一种信号的搏动。这不再是言语活动，而是言语活动的根本的威慑。网络就是这样运行的，这就是信息与交际的模子。诚然，"接触"的需要在这里还是让人深深感觉到的，因为不仅没有了美拉尼西亚语中交换礼品式的二元关系，也没有了古典语言（雅各布森的语言）中交流的个体逻辑。面对二元性，面对话语极点性，接替它们的是信息学的数字性。对媒体与网络的全面承担，对电子媒体的冷的承担，对质量本身作为媒体的承担。

遥控：只存在一些终端。 自动：每个人都是自己的终端（"遥控"和"自动"本身就是一些操作元，一些交换粒子，它们自行连接在词语上，就像录像那样，与一个团体相连接；就像电视那样，与观看它的观众相连接）。连接在录像上的团体，它本身就是自己的终端。它自行录像、自行调节、用电子自行管理。自动点火，自动诱惑。团体被色情化，被从它自己身上接收到的即时证明所诱惑，自主管理不久将成为每个人、每个团体、每个终端的普遍工作。自我诱惑将变成网络或系统中任何带电粒子的标准。

人体本身将由遗传密码来遥控，它也将是自身的终端：由于它与自身相连接，它就只需要最佳地自行管理自己的信息库。

纯粹的磁化作用：用问题吸引答案，用模式吸引现实，用 1 吸引 0，用网络的存在吸引网络，用发话人的连接吸引发话人，信号的纯粹触觉性，"接触"的纯粹美德，一个终端与另一终端的纯粹亲合性：这便是当今所有体系中散乱和模糊诱惑的形象——自我诱惑与自主管理，二者只能反映出网络的循环性，反映出网络中每个原子或每个粒子的短路（但愿没有人称为自恋癖，为什么不呢? 否则就会出现一种绝对的反意，即将自恋癖和诱惑等词语搬移到同一个语汇中，一个不再属于它们的语汇中，因为这已经是拟真的语汇）。

于是，让·凯左拉①便在《敏感的硅》（《难关》杂志第 14 /15 期）一文中说：心理生物学技术，我们拥有的所有信息学假体和自动调节的电子网络，给我们提供了一种奇怪的电子生物学镜像，在这个镜像中，从今以后每个人都像是一位自恋者随着死亡的冲动向前滑行，并且自毁在自己的形象中。自恋者 = 麻醉法（麦克卢汉已经做过这种比较）：

---

① 让·凯左拉(Jean Querzola)，法国当代媒体研究者。作品有《游戏、图像与交际》等。

电子麻醉：这就是数字拟真的最大风险……我们从俄狄浦斯滑向那喀索斯……在对身体和快乐的自主管理后，将会出现一种缓慢的自恋式麻醉。总之，随着硅材料的出现，现实原则将会变成怎样的东西？我并不是说世界的数字化是俄狄浦斯情结行将结束的原因。我只是看到生物学和信息技术的发展，它伴随着这种被称作俄狄浦斯的个性结构的解体。这些结构的解体揭开了另一个场所，在那里父亲并不在场。这里只与母性进行游戏，与海洋式感情和死亡冲动进行游戏。威胁人的并不是一种神经官能症，而是来自精神病范畴的东西。病理学的自恋癖……人们自以为了解在俄狄浦斯身上建立的社会联系的形式。然而当这些东西不再运转时，权力又能做些什么呢？权威之后就是诱惑吗？

这种"仿生镜像"和"自恋麻醉"的最佳范例就是克隆——自我诱惑的最后形式：从同样物到同样物，不需经过别样的东西。

在美国，一个婴儿就像一棵天竺葵，通过扦插就能出生。第一个克隆婴儿——将是某个个体植物性繁殖的后代。第一个新生儿来自某个人的一个细胞，他"父亲"是唯一的传种者，他将是父亲的精确仿制品,完美的孪生兄弟,父亲的复体(见大卫·罗尔维克①《像他的形象:人的复制品》)。人类的无限扦插(bouturage),每个个体机体的细胞都能再次变成一个同样个体的模具。

> 我的基因遗产在某个精子碰到某个卵子时就已经一劳永逸地确定下来。这个遗产包括所有生化程序的配方,它制造了我并保证我的运转。这个配方的复制件已经写入现在组成我的数百亿细胞的每一个细胞中。其中的每个细胞都知道怎样制造我;在成为我的肝脏或血液的细胞之前,它已经是我的一个细胞。这在理论上是可行的,即从它们中的任何一个细胞出发,都能制造出一个与我一模一样的个体。(阿尔贝·雅卡尔②教授)

在遗传密码的镜像中所做的投影和隐藏。没有比DNA更美的假体(prothèse),没有比这个新形象更美的自恋式扩展,这个形象给予了现代的人

---

① 大卫·罗尔维克(David Rorvik),法国当代精神病及神经病学医生、脑科学专家。
② 阿尔贝·雅卡尔(Albert Jacquard, 1925—),法国遗传学家、生物学家及哲学家。作品有《各民族的基因结构》、《概率论》、《人类种群遗传学》、《隔离群研究》、《差别颂》、《我从哪里来?》等。

类生灵，就在其镜像形象的场所和地方：它的分子式（formule moléculaire）。人类只有在那里找到自己的"真相"：在其"真实"存在的无限重复（répétition indéfinie）中，在其生物存在的无限重复中。对这种自恋癖来说，镜像不再是一个源泉，而是一个程式，自恋癖还是那喀索斯神话的畸形戏仿剧。冷的自恋癖，冷的自我诱惑，甚至没有一丝差异，即生存可以通过这种差异被当作幻觉来经历：真实和生物学的复体在克隆技术中的实现，一下停止了与其自身形象进行游戏的可能，与自己的死亡进行游戏的可能。

复体（le double）是一个想象的形象，它就像灵魂、影子、或影子在镜子中的影像，像一个巧妙而又合谋的死亡，它一直萦绕着主体。如果这个复体得以实现，那就是迫在眉睫的死亡——如今在克隆中严格实现的正是这个神奇的建议：克隆物就是死亡形象本身，但是没有形成其魅力的象征幻觉。

主体具有一种与自身的亲密无间性，它就建立在其复体的非物质性上，即它仍然处于幻影状态这个事实上。每个人都可以做梦，大概一辈子梦想过自身存在的复制，或自身存在的完美繁殖。然而这种事也有梦想的力量，要想使梦想强行进入现实会导致自我毁灭。对于原风景（scène primitive）或诱惑场景也是一样：它只有在幻觉的、重新回忆的状态中才能被操作，永远不会是真实的场景。实现这个幻影将是我们时代的使命，正像实现其他目标一样，通过一种完全的反意义，通过死亡与他人的巧妙交流游戏，将复体的游戏变成同一事物的永久性。

梦想带有一种永久的双胎性质，去替代有性生育。分裂生殖的细胞梦想——最可靠的亲缘形式，因为这种形式可以最终摆脱他人，从同样的东西到同样的东西（还需经过女人的子宫，通过一个去核的卵子，但是这个载体只是暂时的、匿名的：一种雌性假体将代替它）。单细胞的空想，通过基因学的道路，它完全可以让复杂的生物复归原生动物的命运。

这不就是一种死亡的冲动么？它将有性生灵推向一种先于性别化的繁殖形式——（此外，这个分裂生殖的形式，这个通过毗连实现的增殖，对我们来说就是死亡。位于我们想象的最深处的死亡：即否认性特性并且想消除性征的东西，因为性征是生命的承载体，因此也是生殖的关键和致命的形式）——同时将促使他们去否定任何的相异性，以便只针对某种身份的永久持续，一种基因记录的透明性，而这种基因记录甚至更加适合孕育的波折。

且不说死亡的冲动。事关孕育自身的幻觉吗？不是，因为主体可以通过替代方式试图抹去亲缘形象，而且一点也不否定生殖的象征结构：变成自己的孩子，这还是某个人的孩子。因此克隆不仅废除了母亲，而且也废除了父亲，他们基因的交错，他们差别的混杂，尤其是孕育的二元行为。克隆者并不孕育：他从一个片断开始发芽。人们可以在这些植物分枝的繁茂上进行投机，这些分枝确实可以解决任何俄狄浦斯式的性特性，以形成一个"非人类"的性别——剩下的就是父亲和母亲的消失，以便让位于一个被称作密码的模子。不再有母亲：只有一个模子（matrice）。只有它，只有这个遗传密码，从这以后将无限地"分娩"，采用一种清除了任何随机性欲的操作方式。

也不再有主体，因为相同的再复制结束了他的分裂。镜像阶段被废弃，或者说以一种畸形的方式被戏仿（parodiée par）。主体那自恋式投影的古老梦想业已结束，因为自恋式投影还需经过镜像阶段，在镜像中，主体通过自我异化而重新找到自身，或通过观看自己而死在镜像中。然而这里不再有镜像：一个工业的产品不是在系列（série）中接替它的那个同样产品的镜像。一个产品永远也不会是另一个产品的幻影，理想的或致命的幻影，它们只能相互累加（s'additionner）。如果说它们只能相互累加,那是因为它们并不是有性孕育的结果,并不经历死亡。

一个断片就像蚯蚓一样,不需要想象的中介来进行繁殖:每个蚯蚓的一截身体会直接繁殖成一条完整的蚯蚓——每个美国工业家的细胞可以生成一个新的工业家。就像一幅全息相片的每个断片,它可以重新变成一幅完整的全息相片的模子:每个分散断片中的信息都是完整的。

总体性(totalité)就这样告结:如果整个信息都能在每个部分中找到,那么总体就失去了它的意义。这也是身体的结束,这个被称作身体的特殊性的结束,因为身体的秘密就是它不能被切成累加的细胞,它是一个不可分割的整体配置,正如它的性特性所证明的那样。反常情况:克隆技术无限期地制造有性的生灵,因为这些生灵与其样板相像,因而性别由此变成一个无用的功能——然而性别恰恰不是一个功能,它是超出身体所有部分、所有功能的东西。它是超出身体中能聚集到的整个信息的东西。而基因公式呢,它却试图聚集整个这种信息。因此,基因公式只会开辟一条道路,通向一种自主繁殖的道路,独立于性别和死亡的道路。

生理生物解剖科学已经通过器官和功能的剖析，着手进行身体的分析性分解程序。微分子基因学正是这种分析的合乎逻辑的结果，在抽象和拟真的更高层面上的结果：原子的层面，指挥性细胞的层面——领导的层面，遗传密码的层面，整个幻景就围绕着这个遗传密码来组织。

在机械论视角中，每个器官仅仅是一个部分的和区别性的假体："传统的"拟真。在生物控制论视角中，这是最小的区别性元素，每个细胞都成为身体的胚胎性假体。这是记录在每个细胞中的基因公式，它成为当今所有身体的真正假体。因为如果说假体通常是替代一个出了毛病的器官的仿制品，或是身体的工具性延伸，那么包含了某一生命体整体信息的DNA分子就是最佳的假体，因为它可以让这个生命体通过自身去无限期地延续——生命体自身仅仅是控制论变形的无限系列。

比任何机械假体更加人工化的假体。因为遗传密码并不是"自然的"：由于一个整体的任何抽象和自主化的部分都会通过替代整体（prothèsis，代替—论题，这是假体的词源意义）来破坏这个整体，可以说遗传密码就是一种仿制品（artefact），一种人工模子（matrice artificielle），一种拟真模子（matrice de simulation）。在遗传密码中，一个生命体的整体试图自我浓缩，因为这个生灵的整个"信息"就包含在这个密码中(基因拟真的难以置信的强度)。拟真模子将是相同的生灵、听从同样指挥的生灵产生的方式,这不再是繁殖,而是通过纯粹又简单的延续方式生产生灵。

因此,克隆是身体拟真的最高阶段。在这个阶段中,个体被缩减到其基因的抽象公式,他注定要进入系列性减速。瓦尔特·本雅明①曾经说过,技术复制时代的艺术品所丢失的东西,正是它的"韵味"(aura),此时此地的特殊品质,它的美学形式:这个品质从一种诱惑的命运走向复制的命运,它在这个新的命运中佩戴了一种政治的形式。原件(l'original)已经丢失,只有留恋还能够把它还原成"真正的"原件。这种过程的极端形式就是当代大众传媒的形式:原件永远也不再需要发生,事物首先就按照它们无限复制的需要而设计。

这恰恰是人类生灵在克隆时遇到的情况。这也是身体被设计为信息书信库、被设计为信息学物质时的情况。没有任何东西能够对抗系列的复

---

① 瓦尔特·本雅明(Walter Bendix Schönflies Benjamin, 1892—1940),德国哲学家。作品有《技术复制时代的艺术作品》、《德国悲剧的起源》、《感悟录》、《思考录》、《柏林童年》、《德国浪漫主义中的美学批评观》、《论布莱希特随笔》等。

制,本雅明在谈论工业产品或图像时使用的是同样的措辞。在所有可能的物体上有一种模式的基因性旋进。

正是技术的突然出现指挥着这种颠覆,即本雅明已经描述的作为总体媒介的技术——指挥一代同样物品和图像的巨型假体,没有任何东西能够将它们区分开来——然而还不能设计这种技术的当代深化手段,使得一代相同的生灵成为可能,况且目前用不着回归到那个原始的生灵。工业时代的假体还是外部的、外技术的假体——而我们经历的假体则分为许多分支,已经内化:内技术的假体。

我们已经进入软技术的时代,进入精神与基因软件的时代。工业时代的假体和机器还能够回归到物体,以改变其形象——它们自身已经被代谢到想象中,而这种新陈代谢就属于物体形象的一个部分。然而当人们在诱惑中到达一个非回归点时,当假体渗入到物体的微分子匿名中心时,当假体以模具形式强加于物体时,当它跳过所有的后续象征回路时,任何可能的物体都不过是其永恒不变的重复——因此这便是物体及其历史的结束:个体不过是其基础公式的一种癌变转移。

通过克隆从X个体中出生的那些个体,他们是否有别于同一细胞的增殖,即人们在癌症中所看到的情况?在遗传密码的概念和癌症病理学之间存在一种紧密的关系：密码是指一种最小的公式，即人们将整个个体缩减成的最小公式，密码只能自我重复。癌症是指同类细胞的增殖，并不扩及整个身体的器官规则。在克隆中也是这样：同一物的延续，一种模子的增殖。过去，有性繁殖还对抗着这种增殖，如今，人们终于可以分离出同一性中的基因模子，消除所有的区别性波折，然而正是这些波折形成了众多个体的随机性魅力。众多个体的诱惑？

工业物品所开启的转移将在细胞组织中结束。癌症确实支配当代整个病理学的疾病，因为它是密码毒性的形式化身：同类信号的急剧重复，同类细胞的急剧重复。

因此，克隆符合某种可逆事业的方针：即"扩展与深化某一体系与自身的透明性，增加其自我调节的可能性，改变其信息的结构布局"（凯左拉）。

任何冲动将被驱走。所有内部的东西（网络、功能、器官、有意识或无意识的回路）将被外化成假体的形式，假体在物体周围形成一种卫星式的理想资料集（corpus idéal），而物体本身将会变成资料集的卫星。任何核心将被去除内核，被抛向卫星的空间。

无性繁殖是以人类生灵的形式对基因公式的具体化。事情并不到此为止。所有身体的秘密,其中包括性别、焦虑,直到存在的微妙快乐,所有关于你的你不知道的和不愿意知道的东西,将调制为生物反馈,将以"内置的"数字信息的形式返回给你。这是仿生学镜像的阶段。(凯左拉)

数字的那喀索斯,而不是三角的俄狄浦斯情结。作为人工复体的体位,无性繁殖从今以后将是你的守护神,你的无意识的可见形式,你的肉体的肉,直截了当,没有隐语。你的"邻人"今后就是这个有相像幻觉的无性繁殖,你将永远不会独自一人,也永远不会有什么秘密。"像爱你自己那样爱你的邻人":福音书中的这个古老难题业已解决——邻人就是你自己。因此爱是全部的。自我诱惑也是全部的。

大众本身就是一种克隆装置,它从相同物到达相同物,并不经过他者。大众说到底不过是所有体系的终端总和——流动着数字脉冲的网络:正是这东西形成质量。大众对外部指令不太敏感,并且自行替代为集成电路,任其听从操纵(自我操纵),听从"诱惑"(自我诱惑)。

其实，谁也不知道一个表现装置该如何运转，也不知道是否存在这样一个装置。但是，越来越紧迫的问题就是要使拟真世界中可能发生的事情合理化。在一个缺席和假设的权力极和大众那不可捉摸的中性极之间，究竟发生着什么？答案：有诱惑存在，正在走向诱惑。

然而这个诱惑仅仅只蕴含一个操作，对人们毫不理解的社会性操作，对结构已经消失的政治性操作。它在这个位置上勾画出一块广阔的空白领地，那里奔流着温暖的言语流，勾画出一个由磁性脉冲润滑的灵巧网络。这里不再走向权力，而是走向蛊惑。这里不再走向生产，而是走向诱惑。然而这种诱惑仅仅是一个空洞的陈述，陈述本身就是拟真方面的概念。大众欲望的"战略家"（吉斯卡尔①、广告员、主持人、人类精神工程师等）和这种策略的"分析家"同时说出的话语，描述社会和政治的运转或剩余东西的话语，在诱惑的词语中，它与政治空间本身一样空洞无物；它只是将政治折射到空白中。"媒体诱惑着大众"，而"大众自我诱惑着"：这都是虚空的说法，其中诱惑这个字眼神奇地跌了价，偏离了它的字面意思，偏离了

---

① 吉斯卡尔·德斯坦（Valéry Giscard d'Estaing, 1926— ），法国政治家，1974—1981年任法国总统。 2003年成为法兰西学院院士。

它的魅力和致命巫术，走向润滑社会与柔化关系技巧的平庸指意——温柔的符号外科，温柔的技术。它确实隶属于生态学，属于一种普通的过渡，即从硬能源阶段向软能源阶段的过渡。软能源，软诱惑（séduction molle）。玩笑中的社会性。

这个模糊的诱惑，扩展的诱惑，它不再是贵族式二元关系的诱惑：而是通过欲望的意识形态校正和修改的诱惑。来自自身推广的心理化诱惑，即当西方树立起欲望的想象形象时的诱惑。

这个形象不是一个主人的形象，它在历史中产生，通过被统治者并以其解放的形式而产生，并且通过多次革命的失败而得以深化。欲望的形式确认了从客体地位到主体地位的历史性过渡，然而这个过渡本身不过是奴役秩序巧妙而内化的永久持续。大众主体性的曙光，现今时代和众多革命的黎明——自主管理的曙光，通过主体和大众对其奴役进行自主管理，并且在他们自身欲望的影响下！这是正在成型的大型诱惑。因为如果说客体只是被人统治，那么欲望主体的生成则是为了被诱惑。

正是这种软策略将在社会和历史中展开：大

众将被心理化,以便受人诱惑。他们将被装扮上一种欲望,以便偏离这个欲望。从前,当大众具有一种(受欺骗的)觉悟时,那只是被人异化——如今,他们被人诱惑,因为他们具有一个无意识和一个欲望(幸亏是压抑或偏离的欲望)。从前,他们偏离了(革命)历史的真理,如今偏离的是他们自己欲望的真理。被诱惑和愚弄的可怜的大众!由于过度的暴力,人们长期默默忍受统治,由于过分的诱惑,人们允许这种统治。

推而广之,这种欲望的理论性幻觉,这种里比多的模糊心理将成为四处流行的诱惑拟像的背景。诱惑接替了监视的空间,对个体和大众来说,它带有软命令的脆弱特性。它在所有社会与个人的关系中被稀释成顺势疗法的剂量,话语诱惑的阴影如今笼罩着社会关系与权力本身的荒漠。

在这个意义上,我们确实已经处在诱惑的时代。但是事情已经不在于这种吸收形式或潜在吞没的形式,在这种形式中,任何主体、任何现实都不能保证自己不跌倒,也不在于这种死亡的消遣(这也许是正好没有足够的现实需要改变,也没有足够的真理需要放弃)——甚至不在于改变无辜与美德(对此已经不再有足够的道德,也没有足够的倒错）——只剩下诱惑了……为诱惑而诱惑？"诱惑我吧！""让我诱惑你吧！"当赌注、所有赌注都退出后，诱惑就是仅剩的东西。这已经不是强加于意义的暴力，或意义的无声消灭，而是语言无话可说时所遗留的形式。不再是一种令人眩晕的消失，而是一种最小的互相奖赏，即语言生灵在一种神经质的社会关系中能够互相给予的奖赏。"诱惑我吧！""让我诱惑你吧！"

在这个意义上，诱惑无处不在，秘密或公开地存在着，它与请求、气氛、纯粹而又简单的交流混为一体。它是教育家及其弟子的诱惑（我诱惑你，你诱惑我，没有别的事情可做），它是政客及其公众的诱惑，权力的诱惑（哈哈！权力的诱惑和诱惑的权力！），这也是分析家和精神分析者的诱惑。

耶稣会会士已经因其在宗教形式中使用诱惑而闻名于世，他们通过巴洛克艺术的社交与美学的诱惑，带广大民众重回到教会的怀抱，或通过浮躁地、女人的手段重新倾注强者的意识。耶稣会会士确实是大众诱惑社会和大众欲望策略的第一个近代范例。他们做得相当成功，当政治经济学和生产资本主义的朴实魅力一朝扫尽，当资本的清教徒式循环一旦清除，一个天主教的时代完全可以开启——一个具有软性和诣媚的符号外科的耶稣会时代，一个具有诱惑的软技术的耶稣会时代。

事情已经不在于作为激情的诱惑,而是一种诱惑的请求。一种欲望和实现欲望的祈求,就在权力和知识关系的场所和地方,就在缺席的转移或爱情关系的场所。当主人被奴隶诱惑时,当奴隶被主人诱惑时,主人与奴隶的辩证关系在哪里?诱惑不过是差别的流露,话语的里比多式落叶。作为供需关系的模糊结合,诱惑仅仅是一种交换(échange)价值,它用于交换(échanges)的流通,用于社会关系的润滑。

让生灵消失的迷宫式结构中的魔法还剩下什么?诱惑的欺骗还剩下什么?"有一种另样的暴力,它既没有名字,也没有外部,但是它还是相当危险:我想说的就是诱惑"(罗林[①])。从传统角度看,诱惑者是一个骗子,他卖弄诡计和卑鄙手段来达到自己的目的,而且认为自己使用了这种手段。然而奇怪的是,当另一个人让人诱惑时,当他跌倒在欺骗面前时,他常常会抵消诱惑者,清除诱惑者的任何控制,诱惑者就会落入自己的陷阱,他没有估量到任意一种诱惑的可逆性威力。这一点总是有道理的:想诱惑别人的人,他自己就已经经受了别人的魅力。在这个基础上,整个宗教,整个文化

---

① 罗林(François Rollin, 1953—),法国喜剧演员与编剧,曾任《世界报》栏目记者。

都可以围绕诱惑关系（而不是生产关系）来组织。因此，那些希腊神灵、诱惑者和骗子，他们动用权力来诱惑人类，然而他们反过来又被人类诱惑。他们常常是被迫去诱惑人，这就成了他们的主要任务，正因为这样，他们提供了另一个世界秩序的形象，这个世界绝对不是由法则来调节，就像基督教世界那样，也不是由政治经济学来调节，而是由一种诱惑的各种事业来调节，这些事业在神灵和人类之间保证了一种象征性平衡。

这个落入自身诡计的暴力还剩下什么呢？神灵和人类相互竭力爱慕的世界已经结束，包括通过牺牲进行的暴力诱惑。符号与类似的智慧已经结束，形成魅力和魔术威力的智慧的结束。假设一个在符号中整体可逆的世界，对诱惑非常敏感的世界，这个世界不仅要诱惑神灵，而且还要诱惑非生命物、死的事物、还有死人本身；它还要通过众多的礼仪去驱除死人，通过符咒去迷惑他们，以阻止他们危害人……如今，人们将这种仪式变成治丧的工作，变成改造与回收的可怕的个人工作。世界已经变成一个力量与力量对比的世界，它就在虚无中实现，就像一个控制物，而非诱惑物。生产的世界，能量释放的世界，投资与反投资的世界，法则与客观法则的世界，主人与奴隶的辩证世界。

性欲本身诞生于这个世界，就像是这个世界

的客观功能，如今它正倾向于多元地决定所有这些客观功能，以替换性目标的形式去替换所有其他已经死亡或逐渐消失的功能。一切都被性征化，在那里找到一个游戏与冒险的场地。到处都在说话，而所有的话语都像是一种永久的评论，对性和欲望的评论。在这个意义上，人们可以说所有话语都变成了诱惑的话语，在诱惑的话语中记录了诱惑的显性要求，然而这是一种软的诱惑，其被削弱的过程已经变成其他众多过程的同义词：操纵、说服、奖赏、气氛、欲望策略、关系神秘学、缓慢来到并接替他人的转移性经济、力量对比的竞争性经济。一种对整个语言空间进行投资的诱惑，它不会比对社会网络间隙进行投资的权力更具有意义和实质：因此两者如今都可以混合它们的话语。诱惑的退化元语言与政治的退化元语言混为一体，到处可操作的元语言（或根本不是，正像人们所愿意的那样，完全没有可操作性，只需人们的共识建立在诱惑的拟真模式上，建立在话语与欲望的模糊流淌上，正像为保障社会性效果那样，只需参与的含糊元语言能够通行即可）。

拟真的话语并不是一种欺骗：它满足于让诱惑进行游戏，以情感拟像的名义，以欲望和倾注拟像的名义在某个世界中进行游戏，而在这个世界中，需要尤其让人感到它的存在。然而，正像"力量对比"从来也没能说明敌视时代权力的波折那样，也许只有在马克思理想主义中可以做到，诱惑或诱惑关系也不会更好地说明当今的波折。如果一切都走向诱惑，这并不是走向由欲望意识校正过的软诱惑，而是走向挑战、二元和对立的诱惑，是走向最大的甚至秘密的赌注；不是走向游戏的策略，而是走向神话的诱惑；不是走向心理的操作性诱惑。这是最小的冷诱惑。

诱惑就是命运

是否应该这么想？纯粹的形式就是这种模糊的、没有魅力的、没有赌注的诱惑的形式，就是这种诱惑幽灵的形式，这个幽灵萦绕着我们无秘密的回路，无情感的幻觉，无往来的接触网络。由于戏剧的纯粹形式将是现代的形式，一种参加与表达的机遇剧的形式，舞台与舞台的魔术从哪里消失？由于绘画与艺术的纯粹形式将是这种假设的超真实干预方式，即针对真实的干预——表演电影、大地艺术、人体艺术——幻觉的对象、环境和舞台在哪里消失？

我们确实生活在众多纯粹的形式中，生活在形象的根本淫秽中，就是说在可见的和无区别的淫秽中，这些形象在过去曾经是秘密的、有区别的，社会性也不例外。如今它也以纯粹的形式进行统治，也就是说以淫秽和空虚的形式进行统治——诱惑也没有例外，在现行的形式中，它已经失去了偶然、悬念和巫术，最终拥有一种轻浮的和无区别诲淫的形式。

或许应该参照瓦尔特·本雅明应用于艺术和命运的谱系：作品首先具有礼仪物品的地位，与崇拜的祖传形式相关，然后它便在更小约束的体系中获得文化与美学的形式。这个形式又标示了一种特别的品质，这并不是礼仪对象的那种内在品质，而是超验的个体性品质。这个美学形式会让位于政治形式，作品消失的形式，作品会原样消失在技术复制的必然命运中。如果礼仪形式并不经历原件形式（神圣物并不关心崇拜物的美学独特性），那么原件将会重新丢失在政治形式中：只有一种无原件的物品增加。这个形式与最大化的流通和最小化的强度相对应。

这样，诱惑将有它的礼仪阶段（二元、魔术、角斗的阶段），美学阶段（反映诱惑者"美学策略"的阶段，在这个阶段中，其运行轨道接近女性和性欲的阶段，接近讽刺和魔鬼的阶段。正是在这个时候，诱惑将具有针对我们的意义，有迂回、策略和游戏的意义，可能还有被诅咒和外表的意义)，最终还有它的"政治"阶段（这里仍然采用本雅明的措词，虽然有点含糊），即诱惑的原件完全消失的阶段，其礼仪形式和美学形式一样全都消失，以利于全方位的分配。其中诱惑变成了政治的非正式形式，成为难以把握的政治的强化网格，专用于对某种无内容形式的无限复制。（这种非正式的形式与技术性密不可分：这是网络的技术性——完全就像物品的政治形式，它与系列复制的技术密不可分。）就像对物品那样，这种"政治"形式与最大化传播和诱惑的最小化强度相对应。

诱惑的命运仅止于此吗？或者人们是否可以将诱惑当作命运来打赌，以对抗退化的命运？将生产当作命运，或将诱惑当作命运？对抗深层的真理，外表的命运？总之我们生活在一个无意义中。但是，如果拟真就是这个无意义的驱魔形式，诱惑则是它的施魅形式。

解剖不是命运，政治也不是命运：诱惑才是命运。诱惑就是命运所剩下的东西，是赌注、巫术、宿命和眩晕所剩下的东西，是无声效率所剩下的东西。无声效率就处在一个可见效率和压制快乐的世界中。

世界是赤裸的世界，国王赤身裸体，事物一清二楚。整个生产，甚至真理都以这种贫乏为目标，最近关于性别的、站不住脚的"真理"也正是来自于此。幸好就深层次而言，这个问题无碍大局，还是诱惑掌握着真理本身的、最为晦涩的秘诀,就是"正因为很难想象真理的赤裸,人们或许更希望揭去真理的外衣"。